Judy Franklin

mit Be

Den Himmel erleben

Wie wir in Gottes Dimension eintreten können

GloryWorld-Medien

Originally published in English under the title „Experiencing the Heavenly Realm – Keys to Accessing Supernatural Experiences" by Destiny Image, 167 Walnut Bottom Rd., Shippensburg PA 17257-0310, USA.

1. Auflage 2013

Bibelzitate sind, falls nicht anders gekennzeichnet, der Elberfelder Bibel, Revidierte Fassung von 1985, entnommen.
Weitere Bibelübersetzungen:
NGÜ: Neue Genfer Übersetzung, 2009
SLT: Schlachter 2000
LUT: Lutherbibel, Revidierte Fassung von 1984.

Das Buch folgt den Regeln der Deutschen Rechtschreibreform. Die Bibelzitate wurden diesen Rechtschreibregeln angepasst.

Übersetzung: Lisa Pagel
Lektorat: Thilo Niepel / Manfred Mayer
Satz: Manfred Mayer
Umschlaggestaltung: Kerstin & Karl Gerd Striepecke, www.vision-c.de
Foto: photocase
Druck: Schönbach-Druck, Erzhausen

Printed in Germany

ISBN: 978-3-936322-83-5

Bestellnummer: 359283

Erhältlich beim Verlag:

GloryWorld-Medien
Postfach 41 70
D-76625 Bruchsal
Tel.: 07257903396
Fax: 07257903398
info@gloryworld.de
www.gloryworld.de

oder in jeder Buchhandlung

Stimmen zum Buch

Wenn es Ihnen wie mir geht, dann wird Sie dieses visionäre Buch dazu anregen, Ihr Zelt der Begegnung zu reparieren und noch eifriger und bewusster in das leuchtende Gesicht von Abba Vater zu blicken. Ich empfehle dieses Werk sehr; es ist voller Weisheit und Offenbarung, wie es nur aus einer persönlichen Begegnung kommen kann.

Dr. Mark Stibbe
The Father's House Trust, Watford, UK

Wir leben in der Zeit der größten Ausgießung des Geistes, die die Welt je erlebt hat. Ohne Frage ist Gott in der Welt am Wirken und spornt seine Gemeinde an, ihn noch viel tiefer kennenzulernen. Mitten in dieser Ausgießung erweckt Gott Einzelne, die seine Kinder dafür zurüsten, ermutigen und berufen, noch tiefere Dimensionen der Vertrautheit mit ihm zu erleben. Judy Franklin ist eine davon. Sie schreibt nicht nur mit der Offenbarung des Himmels, sondern mit der Autorität eines Menschen, der Gott auf neue und einzigartige Weise erfahren hat.

Ich habe selbst die Frucht dieser Erfahrungen gesehen und die Auswirkungen, die das auf unsere Gemeinde hat. Ihre Geschichte ist nicht an den Rändern der Gemeinde angesiedelt, sondern fest in der Gemeinde gegründet, während sie Gott nachjagt. „Den Himmel erleben" wird alle Leser dazu inspirieren, sich einem Gott völlig hinzugeben, der seine Kinder über alles liebt. Ich bete, dass Sie dieses Buch nicht nur lesen, um zu erfahren, was möglich ist, sondern um selbst Ihre einzigartige Reise zu beginnen, die Sie in die Arme des Vaters führt.

Banning Liebscher, Leiter von *Jesus Culture*

Der große Apostel Paulus schrieb an die Korinther: *„Über die* ***Gaben*** *des Geistes aber will ich euch, liebe Brüder, nicht in Unwissenheit lassen"* (1 Kor 12,1). Im griechischen Text findet sich das Wort „Gaben" nicht, da uns Paulus nicht nur etwas über geistliche Gaben lehren wollte. Er wollte uns erklären, wie die geistliche Welt funktioniert.

Die christliche Gemeinde hat den Zugang zur geistlichen Welt verloren. Wir haben das Wertvolle gegen das Sichtbare eingetauscht und sind an den Ufern des Logischen, Greifbaren und Vorhersehbaren gestrandet. Die Unfähigkeit der Gemeinde, Menschen in eine echte geistliche Erfahrung mit dem Vater zu führen, hat dazu geführt, dass die Suchenden in die Klauen aller Art finsterer Geister geraten können.

Judy Franklin hat es meisterhaft verstanden, die Gemeinde zu ihrem ursprünglichen Auftrag, im Geist zu leben, zurückzuführen. Ihr Buch liest sich wie eine Schatzkarte und führt uns vom Schrecken dieser Welt zu übernatürlichen Erfahrungen. Judy überreicht uns die Schlüssel zum geheimnisvollen Königreich und zeigt uns den Weg zum Vaterhaus.

Wenn Sie sich schon lange danach gesehnt haben, durch den Vorhang hindurch die verborgenen Bereiche des Himmels zu betreten, dann ist dieses Buch für Sie!

Kris Vallotton

Judy Franklin hat nicht nur ein Buch geschrieben, sondern ihr Leben. Als ich dieses Buch las, konnte ich tatsächlich den Himmel spüren. Ich lehnte mich einfach zurück und schüttelte den Kopf. „Sie hat es getan", sagte ich. Es ist ihr gelungen, ihn und all seine Güte mit Worten zu erfassen. Sie hat meinen Freund erfasst und wie viel Freude es macht, in seiner Nähe zu sein. Toll gemacht, Judy, meine Freundin! Du hast ihm Ehre bereitet; er lächelt über dieses Buch. Ich mag dich so sehr.

Jenn Johnson
Anbetungsleiterin in der *Bethel Church*

Ich kenne Judy Franklin nun schon einige Jahre. In dieser Zeit bin ich jedes Mal bereichert worden, wenn sie mir von ihren übernatürlichen Begegnungen mit dem Vater erzählt. Mystiker werden von denen, die gerne in ihren sicheren und seichten Bereichen des geistlichen Verständnisses verharren, abgewiesen. Man wirft ihnen vor, sie würden den Bogen überspannen mit ihren himmlischen und als esoterisch empfundenen Erfahrungen.

Ich weiß, dass Judy sehr vorsichtig und verantwortlich mit ihren Erfahrungen umgeht, da sie jene, die sie als Bibelkenner ansieht, um eine biblische Prüfung bittet. Mit diesem Erstling, was das Schreiben angeht, lädt sie uns alle ein, in die himmlischen Bereiche aufzusteigen, um die frische Luft der bedingungslosen Liebe des Vaters einzuatmen. Sie werden weit über die kontaminierte Atmosphäre engstirniger religiöser Ideen hochgehoben werden. Die Transparenz ihres Zeugnisses und die anschließenden Entdeckungen, wie unbeschreiblich mitfühlend der Vater ist, werden in Ihnen einen Hunger nach mehr bewirken.

Randall Worley
Headwaters Ministries, Ft. Mill, SC

Dieses Buch kommt zur rechten Zeit und ist aus den vielfältigen Erfahrungen von Judy Franklin mit Gott entstanden. Es steckt voller Offenbarung, die unkompliziert ist und doch tiefer göttlicher Weisheit entspringt. Mehr noch, dieses Buch spiegelt den Hunger eine Frau wider, die alles erfahren möchte, was der Himmel zu bieten hat. Nachdem ich das Buch gelesen hatte, wurde ich an das Herz des Vaters für die Menschheit erinnert und an seinen Wunsch, uns in den himmlischen Bereichen zu sehen. Vorsicht! Dieses Buch ist sehr ansteckend mit der Liebe Gottes und könnte für einen oberflächlichen Christen gefährlich sein.

Larry Randolph
Larry Randolph Ministries, Franklin, TN

Judy Franklins Buch „Den Himmel erleben“ ist eine sehr persönliche geistliche Reise, auf der wir die Realität der Gegenwart Gottes entdecken und ihn buchstäblich in großer Freundlichkeit sprechen hören. Ihre Ermutigung, unsere „geistlichen Augen“ und „geistlichen Ohren“ aufzuwecken, ist für die Absicht des Buches entscheidend. Judy erzählt ihre persönliche Geschichte und führt den Leser gleichzeitig auf seinen eigenen Weg, vom Geist inspirierter Vorstellung.

Das Buch zu lesen ist ein echtes Erlebnis, wobei die Erzähl- und Lehrstränge parallel verlaufen und miteinander verflochten sind. Die Leser, die nur auf Informationen aus sind, werden durch den auf Erfahrung basierenden Gedankenfluss herausgefordert werden, der unsere Vorstellungskraft aktivieren möchte. Und diejenigen, die nur die Erfahrung suchen (das offensichtliche Hauptziel des Buches), werden auch durch seinen Lehrinhalt zum Nachdenken angeregt werden. Sie sind zu einer Reise der persönlichen Offenbarung eingeladen.

David Crabtree
DaySpring Church, Castle Hill, NSW, Australia

INHALT

Ich widme dieses Buch meinen Kindern
(und deren Ehepartnern)
Jonathan,
Daniel und Greta,
Susanna und Jay,
und meinen Enkelkindern
Kendra, Jesse, Erik, Elyas, Asher, Jordan und Tobin
sowie meinem Urenkel Harlan.

Ich wünsche mir, dass ihr auf dem aufbaut,
was Gott mir geschenkt hat.
Mein Erbe an euch soll sich wie ein Vorsprung auswirken,
sodass ihr mit Gott weitergehen könnt,
als ich es jemals konnte.
Ich bete,
dass dieses Buch jeden von euch zu tieferer Gemeinschaft
mit dem wunderbaren Gott der Ewigkeit anspornen wird.

Ich liebe euch alle sehr!
Mama und Oma Juju.

Dank

Bill und Beni Johnson: Ihr beide seid für mich die allererstaunlichsten Leute. Ihr habt mir geholfen, Gott mehr zu lieben, ihr habt mir beigebracht, was Gnade ist, und ihr habt mir nichts als Gnade entgegengebracht. Ohne eure Liebe und Unterstützung wäre ich nicht, wo ich bin und wer ich bin. Vielen Dank.

Beni: Herzlichen Dank für deine Bereitschaft, das erste und letzte Kapitel dieses Buches zu schreiben.

Kris Vallotton: Ich habe so vieles von dir gelernt. Danke, dass du mir geholfen hast, mein Leben zu gestalten. Ich staune über dich.

Randall Worley: Gott hat mir Flügel gegeben, und du fügst ständig neue Federn hinzu, sodass ich noch höher aufsteigen kann. Danke!

Bob Jones: Du hast immer wieder in mich investiert und mir Gaben und Fähigkeiten übertragen. Du warst es, der mich dazu angeregt hat, immer höher zu steigen. Danke.

Vanessa Chandler, Dianne Brown, Julia Loren, Allison Armerding und Pam Spinosi: Danke für eure Beiträge zu diesem Buch.

Banning Liebscher: Danke für dein Wort der Weisheit, dass dieses Buch eine Anleitung sein soll, wie man es macht, und nicht nur meine Erfahrungen enthalten soll.

Dann Farrelly: Deine Anregungen sind unschätzbar. Ganz herzlichen Dank.

An alle, die zugestimmt haben, dass ich ihr Zeugnis berichten darf: Danke.

Julie Winter: Ganz ehrlich, ohne dich wäre dieses Buch nie fertig geworden. Dein Engagement und deine Freundschaft bedeuten mir so viel. Danke, dass du an dieses Buch geglaubt hast, selbst als ich das nicht tat.

Vorwort

Der Satte tritt Honig mit Füßen; aber dem Hungrigen ist alles Bittere süß (Spr 27,7). Vielleicht mehr als jeder andere Vers beschreibt dieser, warum einige Menschen leichter als andere in die Dimensionen Gottes eintreten. Wenn wir satt und zufrieden sind, werden wir zu Kritikern, während sich die Hungrigen meist über alles freuen, was sie haben können. Die Fähigkeit, etwas wahrzunehmen, schwindet nämlich, wenn der Hunger fehlt. Aus diesem Grund erkannten viele Gebildete Jesus nicht, als er kam. Sie waren mit ihrem religiösen System zufrieden und hatten den Hunger nach den größeren Dingen verloren. Aber nun ist ein neuer Tag angebrochen.

Noch nie war ich so begeistert über das, was ich Gott im Leib Christi tun sehe, wie heute. Zwar sind auch wir mit gewissen Herausforderungen konfrontiert, doch der Hunger, der ein wahres Geschenk Gottes ist, war noch nie so stark, wie er mir heute begegnet. Und er breitet sich weltweit aus.

Hunger bringt Menschen hervor, die bereit sind, Risiken einzugehen. Sie glauben an einen großen Gott und einen kleinen Teufel. Dieser Hunger nach dem authentischen Evangelium, wie es in der Bibel gepredigt und erlebt wurde, brennt zunehmend in den Herzen so vieler. Und unser vollkommener himmlischer Vater wartet nur darauf, dem Hunger zu begegnen, indem er denen, die ihn bitten, *den Heiligen Geist und keinen Stein gibt*. Wenn der Hunger stark wird, erfahren die Menschen die Dinge Gottes auf neue Weise.

Judy Franklin und Beni Johnson haben ein Buch geschrieben, das sehr aktuell ist, weil es Antworten auf einen Herzensruf des Volkes Gottes gibt. Wir haben Hunger nach ihm. Aber oft verpassen wir um Haaresbreite eine Begegnung mit Gott, weil wir uns mit guter Theologie zufriedengeben. Theologie ist wunderbar, aber nicht dasselbe wie die Einladung von Gott, ihm auf neue und tiefere Art zu begegnen. Das „Mitsitzen in der Himmelswelt in Christus“ (vgl. Eph 2,6) war beispielsweise nie dazu gedacht, auf eine Lehre reduziert zu werden. Es war immer als Gottes Einladung gemeint, ihm zu begegnen und aus der himmlischen Perspektive zu leben. Aber wenn wir es nicht erfahren haben, können wir es uns nur vorstellen. Das ist aber zu wenig, da Gott keine Idee, Formel oder ein Ritual ist. Er ist eine Person zum Kennenlernen und jemand, mit dem wir in Beziehung treten.

Diese beiden Autorinnen gehören meiner Meinung nach mit zu den geeignetsten Leuten für die Aufgabe, ein Buch darüber zu schreiben, wie man Gott praktisch erfährt. Die eine ist meine Ehefrau und die andere meine Sekretärin. Und ja, ich bin voreingenommen. Aber ich habe beobachtet, wie sie das fruchtbringende Leben, das für solch ein Buch benötigt wird, sowohl öffentlich als auch privat gelebt haben. Was mir dabei am meisten Spaß macht, ist, mitzuerleben, wie ihre Geschichten und Erfahrungen die Herzen der Leute anregen, nach mehr von dem zu verlangen, was Gott uns in unseren Tagen zur Verfügung stellt. Sie informieren nämlich viele von uns über einen Teil unseres Erbes in Christus: das Erbe, dass wir schon heute Gott begegnen und die himmlischen Dimensionen erleben können.

Die Erkenntnisse der Autorinnen sind voller Hoffnung und Verheißung. Beim Lesen dieses Buches muss man sich unwillkürlich fragen, wie viel mehr uns Gott noch in diesem Leben geben wird. Es ist, als gäben sie uns die Erlaubnis, Gott nachzujagen und dabei davon auszugehen, dass er uns nichts vorenthält, wenn wir nur bitten. Es ist nicht zu schön, um wahr zu sein. *Es ist so schön, dass es wahr ist.*

Beten, lachen und singen Sie während des Lesens. „Den Himmel erleben“ ist ein Erlebnis, das Sie so schnell nicht vergessen werden.

Bill Johnson

Einführung

Vor Kurzem sagte Bill Johnson: „Eine der größten Notwendigkeiten in der Gemeinde heute ist eine Offenbarung über den Himmel. Der Grund dafür ist, dass Gott die Ressourcen der Erde einem Volk anvertrauen möchte, das sein Herz in einer anderen Welt verankert hat."

Wenn in diesem Buch von „ich" die Rede ist, bezieht sich das auf Judy Franklin, die Autorin. Kapitel 1 und Kapitel 28 bilden die Ausnahme – diese beiden wurden von Beni Johnson geschrieben.

Um himmlische Erfahrungen geht es in diesem Buch ... das heißt, um ein Herz, das in einer anderen Welt verankert ist. Hoffentlich werden Sie erkennen, wie Sie eine innigere Beziehung mit dem Vater, dem Sohn und dem Heiligen Geist haben können. Ich werde sowohl einige meiner eigenen Himmels-Erfahrungen erzählen als auch Geschichten anderer. Außerdem werde ich Hindernisse aufzeigen, die uns davon abhalten, zu sehen, und Ihnen zeigen, wie Sie selber himmlische Erfahrungen machen können.

Meine Hoffnung und mein Gebet ist, dass Sie – während Sie die Geschichten über diese Erfahrungen lesen – mehr darüber lernen, wie Sie selbst eine innigere Beziehung mit dem Herrn entwickeln können. Jesus sehnt sich so sehr danach, eine tiefere Beziehung mit Ihnen zu haben. Er möchte, dass Sie ihn und seine Wege kennen, anstatt nur etwas *über* ihn zu wissen.

Der Definition nach ist eine Beziehung eine Verbindung, ein Verhalten oder ein Gefühl jemandem gegenüber – das heißt, es geht um Freundschaft. Eine solche Beziehung möchte Gott mit Ihnen haben. Wir können jemanden nicht kennen, indem wir lediglich ein Buch über ihn oder sie lesen. Um eine

Beziehung zu haben, müssen wir mit der jeweiligen Person in Kontakt treten und mit ihr Umgang pflegen.

Eines Tages sprach der Herr zu mir. Er sagte lediglich: „Ronald Reagan" (zur damaligen Zeit unser Präsident). Das war alles, was er sagte. Ich wartete, aber er fügte nichts hinzu.

Also sagte ich: „Ja, er ist unser Präsident."

Dann sagte Gott: „Jeden Tag kannst du über ihn lesen."

„Ja, ich kann über ihn in Zeitschriften und Büchern lesen", antwortete ich.

Er sagte: „Jeden Tag kannst du über ihn hören."

Natürlich, dachte ich. *Ich könnte im Fernsehen, Radio und durch die Gespräche von Leuten, die über ihn und sein Handeln reden, über ihn hören.*

Er fuhr fort: „Und was er tut, wirkt sich auf dich aus."

„Oh ja, er unterzeichnet Gesetzesentwürfe und Gesetze, die mein Leben beeinflussen."

Dann fragte er: „Wie gut kennst du ihn?"

Wow! Ich fühlte mich ertappt. Ich kannte Ronald Reagan kein bisschen. Ich wusste tatsächlich nur etwas *über* ihn.

Der Herr sagte: „Jeden Tag kannst du über mich lesen."

Ich antwortete: „Ja, in der Bibel und in anderen Büchern."

Er sagte: „Jeden Tag kannst du über mich hören."

Darauf antwortete ich: „Ja, im Fernsehen, Radio und in der Gemeinde."

Dann sprach der Herr: „Und was ich tue, wirkt sich auf dich aus."

„Oh ja." Ich wusste jetzt, worauf dieses Gespräch hinauslief.

Schließlich fragte der Herr: „Wie gut kennst du mich?"

Dann wurde mir bewusst, dass ich zwar viel *über* ihn wusste, ihn aber eigentlich gar nicht persönlich kannte. Er möchte aber, dass wir ihn kennen.

> *Ich nenne euch nicht mehr Sklaven, denn der Sklave weiß nicht, was sein Herr tut; euch aber habe ich Freunde genannt, weil ich alles, was ich von meinem Vater gehört, euch kundgetan habe* (Joh 15,15).

Der Herr hat uns Freunde genannt. Nun, es braucht mehr als Lesen, Hören oder vom Handeln des anderen beeinflusst zu werden, um ein wahrer Freund zu sein. In der Himmelswelt wartet eine neue Ebene der Freundschaft auf uns. Es handelt sich um ein Geheimnis. Wie können wir mit dem Gott des Universums, dem Gott der Ewigkeit, dem Gott der Kraft und Macht befreundet sein? Jesus sagte:

> *... Euch ist es gegeben, die Geheimnisse des Reiches Gottes zu wissen, den Übrigen aber in Gleichnissen, damit* ***sie sehend nicht sehen und hörend nicht verstehen*** (Lk 8,10).

Ich möchte nicht jemand sein, der lediglich die *Gleichnisse* kennt. Ich möchte stattdessen die *Geheimnisse* kennen. Sie nicht auch?

Aus dieser Beziehung heraus kommen Visionen, die unsere natürliche Welt mit Gottes himmlischem Reich verbinden. Diese Visionen setzen uns nicht nur frei, eine *reine* Liebe zu erleben, sondern bringen uns in eine innige Verbindung mit Gott.

Diese Erfahrungen mit Gott werden Hindernisse beseitigen, die uns davon abhalten, mehr von ihm zu empfangen, mehr über ihn zu lernen sowie geheilt, heil und mit ihm vertraut zu werden. Während Sie seine reine Liebe erfahren, entdecken Sie, dass Sie den Weg Ihrer Bestimmung betreten haben.

Einmal habe ich ein Zitat gelesen, das dem deutschen Theologen Dietrich Bonhoeffer zugeschrieben wird, der im Zweiten Weltkrieg von den Nazis umgebracht wurde: *„Wahrheit, die von Erfahrung getrennt ist, muss immer im Zweifel verweilen"*. Denken Sie darüber nach. Wahrheit ohne eine Erfahrung kann ein plagendes Gefühl von Zweifel in Ihren Gedanken hervorrufen. Sie wissen möglicherweise, dass Gott fähig und willig ist, Menschen zu heilen, weil es so in der Bibel steht. Sie haben auch gelesen, dass Jesus jeden geheilt hat, der zu ihm gekommen ist. Trotzdem haben Sie möglicherweise mit Gedanken zu kämpfen, dass Gott nicht heilen möchte, weil Sie noch nie erlebt haben, dass Sie selbst oder jemand, für den Sie gebetet haben, geheilt worden ist.

Es ist wichtig, dass Sie Ihre eigenen Erfahrungen mit Gott machen. Unser Gott ist liebevoll und gütig und möchte eine innige Beziehung zu uns haben. Randall Worley sagte einst: *„Wenn Gott lediglich wollte, dass wir Dinge tun, dann hätte er uns als Engel erschaffen. Er will aber eine Beziehung zu uns haben."*

Wenn Sie nun die folgenden Seiten lesen, ist mein Gebet, dass Sie einen Weg finden, einen liebenden und gütigen Gott kennenzulernen, der sich eine Beziehung zu Ihnen wünscht und möchte, dass Sie aufsteigen wie ein Adler.

Kapitel 1

Ganzheitliche Heilung

von Beni Johnson

Es ist die Sehnsucht und Absicht Gottes, uns zu begegnen, zu heilen und zu lieben. Er wird alles in seiner Macht Stehende tun, damit diese Begegnung zustande kommt. Er wird den Himmel weit öffnen, damit wir zu ihm kommen können. Er sehnt sich mehr nach uns, als wir uns nach ihm sehnen. Es gibt nichts Begeisternderes, als eine Person zu sehen, die sich mit dem Herzen des Himmels verbindet.

Vor Jahren sprachen mein Mann und ich einmal mit einem Pastor. Er war am Ende seines Lateins und erzählte uns, er habe alles versucht, um Antworten und Richtungsweisung zu erhalten. Er war müde und ausgebrannt und wusste nicht, was er noch tun konnte. Wir redeten eine Weile. Schließlich schaute ich ihn an und sagte: **„Du musst dich von Gottes Gegenwart durchdringen lassen."** Er schaute mich an und erwiderte: „Erzähl mir, was du damit meinst." Ich sagte ihm, er solle sich auf den Fußboden legen, eine gute Lobpreis-CD einlegen und einfach dort liegen bleiben. Ich sagte ihm weiter, er solle Gott weder etwas fragen noch mit ihm reden, sondern sich einfach von Gottes Gegenwart durchdringen lassen und zuhören. Er starrte mich für einen Moment an und meinte: „Das ist tatsächlich das, was ich brauche." Es war irgendwie lustig, sein Gesicht zu beobachten, als er kapierte, was ich meinte. Es ergab Sinn.

Ich bin der festen Überzeugung, dass Gott mehr mit uns in Verbindung treten möchte als wir mit ihm. Wir müssen innehalten und all die Dinge, in die wir verstrickt sind, niederlegen, um in seine Ruhe einzutreten. Und zu allem Überfluss kann jemand, der zerbrochen ist, sehr viel Heilung erfahren, wenn er eine himmlische Begegnung hat.

Bevor Jesus in den Himmel auffuhr, um an der rechten Hand seines Vaters zu sitzen, gab er uns einen Auftrag:

> *... Mir ist alle Macht im Himmel und auf der Erde gegeben. Darum geht zu allen Völkern und macht die Menschen zu meinen Jüngern; tauft sie auf den Namen des Vaters, des Sohnes und des Heiligen Geistes und lehrt sie, alles zu befolgen, was ich euch geboten habe ...* (Mt 28,18-20).

Was ist mit „alles" in Vers 20 gemeint? Matthäus 10,8 fordert uns auf: *„Heilt Kranke, weckt Tote auf, macht Aussätzige rein, treibt Dämonen aus."* Das bedeutet, dass Jesus Vollmacht gegeben wurde und dass er sich an uns, seine Jünger, wendet und uns auffordert, loszugehen und all die Dinge zu tun, für die er Vollmacht erhalten hatte.

Wenn wir Matthäus 10,8 betrachten und den Teil über die Heilung Kranker lesen, denken viele von uns automatisch an körperliche Heilung. Im Griechischen bedeutet das Wort *krank (asthen-eo)* „schwach, krank, gebrechlich sein"[1].

Wenn ich diesen Vers betrachte, dann sehe ich, dass er sich auf *alle* Leiden bezieht, innerlich und äußerlich. Gott möchte, dass es allen Männern, Frauen und Kindern gut geht, von innen nach außen und von außen nach innen. Jeder, der auf irgendeine Weise schwach ist, jede Person, die nur beschränkt leistungsfähig ist, kann geheilt werden.

Man muss nicht lange suchen, um zu erkennen, dass viele an einem Punkt sind, an dem sie die heilende Gegenwart Gottes brauchen, die uns die Schwäche nimmt – diese Kraftlosigkeit, die uns davon abhält, die Fülle und Kraft des Lebens zu genießen. Viele Menschen kommen zu uns Christen und brauchen diese Begegnung mit Gott. Sie brauchen dringend Kraft,

---

[1] *Elberfelder Studienbibel mit Sprachschlüssel,* R. Brockhaus, Wuppertal 2005 (762).

um durch den Tag zu kommen. Sie kommen gebrochen und suchen nach etwas, das ihnen helfen kann. Ist es nicht erstaunlich, dass Jesus uns seine Autorität anvertraut hat, damit wir sie an notleidende Menschen weitergeben? Er möchte, dass wir sie dafür einsetzen, andere in eine Begegnung mit dem heiligen Gott zu führen und ihnen zu zeigen, wie sehr er sie liebt.

Ich habe einmal eine kleine Studie über Jesaja 61,1-9 gemacht und dabei einige interessante Dinge herausgefunden:

1 Der Geist des Herrn, HERRN, ist auf mir;
denn der HERR hat mich gesalbt.
Er hat mich gesandt,
den Elenden frohe Botschaft zu bringen,
zu verbinden, die gebrochenen Herzens sind,
Freilassung auszurufen den Gefangenen
und Öffnung des Kerkers den Gebundenen,
2 auszurufen das Gnadenjahr des HERRN
und den Tag der Rache für unsern Gott,
zu trösten alle Trauernden,
3 den Trauernden Zions Frieden,
ihnen Kopfschmuck statt Asche zu geben,
Freudenöl statt Trauer,
ein Ruhmesgewand statt eines verzagten Geistes,
damit sie Terebinthen der Gerechtigkeit genannt werden,
eine Pflanzung des HERRN, dass er sich durch sie verherrlicht.
4 Sie werden die uralten Trümmerstätten aufbauen,
das früher Verödete wieder aufrichten.
Und sie werden die verwüsteten Städte erneuern,
was verödet lag von Generation zu Generation.
5 Dann werden Fremde dastehen und eure Schafherden weiden, und Ausländer werden eure Bauern und eure Weingärtner sein.
6 Ihr aber, ihr werdet Priester des HERRN genannt werden;
Diener unseres Gottes wird man zu euch sagen.

Ihr werdet den Reichtum der Nationen genießen
und mit ihrer Herrlichkeit euch brüsten.
7 Weil ihre Schande doppelt war
und sie Schmach besaßen als ihr Erbteil,
darum werden sie in ihrem Land das Doppelte besitzen;
ewige Freude wird ihnen zuteil.
8 Denn ich, der HERR, liebe das Recht,
ich hasse den Raub mitsamt dem Unrecht.
Und ich werde ihnen ihren Lohn in Treue geben
und einen ewigen Bund mit ihnen schließen.
9 Und ihre Nachkommen werden bekannt werden unter den Nationen und ihre Sprösslinge inmitten der Völker.
Alle, die sie sehen, werden erkennen,
dass sie Nachkommen sind, die der HERR gesegnet hat.

Vor einigen Jahren arbeitete ich mit einem unserer Pastoren zusammen, der Menschen mit sehr zerrütteten Vergangenheiten half. Einige dieser Menschen waren als kleine Kinder derart traumatisiert worden, dass sie aus einem Schutzbedürfnis vor Missbrauch ihre Persönlichkeit aufgespalten hatten. Ihre Seelen waren wirklich zersplittert. Wir haben mit ihnen gebetet, sie seelsorgerlich begleitet und ihnen geholfen, einen Ort zu finden, an dem sie sich geborgen fühlten, damit sie wieder zu einer intakten Persönlichkeit werden konnten.

Während dieser Zeit las ich eines Tages diesen Abschnitt in Jesaja, der ein prophetisches Wort über Jesus ist. Ich schlug die Bedeutung einiger der darin vorkommenden Wörter nach. In Vers 1 heißt es: *„die zu heilen, die ein gebrochenes Herz haben"* (Neues Leben), womit gemeint ist *„zu verbinden"*. Ich fand außerdem heraus, dass die Worte *gebrochenes Herz* „zersplitterte Seele"[2] bedeuten. Das heißt, dass dieser prophetische Vers in Jesaja das Kommen Jesu auf die Erde voraussagte, das erst viele Jahre später geschehen sollte. Dies war

---

2 Brown, Driver, Briggs and Gesenius. "Hebrew Lexicon entry for Shabar." The KJV Old Testament Hebrew Lexicon. Zugriff 2010. http://www.biblestudytools.com/lexicons/hebrew/kjv/shabar.html.

eine seiner Aufgaben: Die zersplitterten Seelen zu nehmen und sie wieder zusammenzufügen bzw. zu verbinden, so wie man eine Wunde verbindet, damit sie heilt.

In diesem Abschnitt stellen wir außerdem fest, dass die Trauernden getröstet und ermutigt werden sollen und dass ihnen Kopfschmuck statt Asche, Freudenöl statt Trauer und ein Ruhmesgewand anstelle eines verzagten Geistes gegeben wird.

Dann, in Vers 3, sehen wir eine Veränderung. Gott gibt diesen Menschen ihre Identität (zurück). Diejenigen, die erschüttert worden waren und zersplittert sind, werden nun zu Bäumen der Gerechtigkeit, die Gott selbst zu seiner Verherrlichung pflanzt.

In den Versen 4-7 sehen wir, dass Gott denen, die nun eine Identität haben, eine Bestimmung gibt. Lesen Sie diesen Abschnitt noch einmal:

Und sie werden die verwüsteten Städte erneuern,
was verödet lag von Generation zu Generation.
Dann werden Fremde dastehen und eure Schafherden weiden,
und Ausländer werden eure Bauern und eure Weingärtner sein.
Ihr aber, ihr werdet Priester des HERRN genannt werden;
Diener unseres Gottes wird man zu euch sagen.
Ihr werdet den Reichtum der Nationen genießen
und mit ihrer Herrlichkeit euch brüsten.
Weil ihre Schande doppelt war
und sie Schmach besaßen als ihr Erbteil,
darum werden sie in ihrem Land das Doppelte besitzen;
ewige Freude wird ihnen zuteil.

Jetzt sehen wir, wie Gott heilt und wiederherstellt. Zugleich stellt er sie nicht nur wieder her, sondern er führt sie auch hinein in das, wer sie sind und was sie tun sollen.

In einer anderen Übersetzung heißt es: *„Die erlittene Schmach wird euch doppelt vergolten, und zum Ausgleich für die Schande werden sie frohlocken über ihr Teil; denn sie werden in ihrem Land ein doppeltes Erbteil erlangen, und ewige Freude wird ihnen zuteil werden“* (Jes 61,7 SLT).

Es ist offensichtlich, was dieser Abschnitt uns sagt: Diejenigen, die aus der Gebrochenheit kommen, können und werden in eine großartige Bestimmung hineinfinden. Sie werden diese zerstörten Teile und Orte, die über Generationen in Trostlosigkeit brachlagen, nehmen und wiederherstellen. Nicht nur das, sie werden andauernde und immerwährende Freude haben!

Es ist, als würde ihnen ein großes Maß an Autorität gegeben. Der Teufel versucht uns zu zerstören und uns in unserer Gebrochenheit festzuhalten. Doch dann kommt Jesus daher und sagt: „Hier, nimm mich. Lass mich dir zeigen, wer du wirklich bist. Lass mich dir deine Zukunft zeigen.“

Wenn Gott Sie von einem körperlichen, seelischen oder geistlichen Leiden befreit, glaube ich, haben Sie nun die Vollmacht, anderen dabei zu helfen, Heilung in genau dem Bereich zu erfahren, in dem Sie selbst heil geworden sind.

Vor vielen Jahren wurde ich von Depression geplagt. Selbstmitleid war mein Freund. Ich spreche von der qualvollen Art Depression, die einen förmlich auffrisst, eine Hoffnungslosigkeit, die das innere Wesen angreift. Als ich mich in meinen späten Teenagerjahren befand, setzte Gott mich augenblicklich von jeglicher Depression frei. Ich werde den Tag nie vergessen. Ich kam gerade aus dem Badezimmer und schrie innerlich: „Gott, wenn du mich nicht von dieser Sache befreist, weiß ich nicht, was mit mir geschehen wird.“ Damit wollte ich Gott nicht herumkommandieren; es war einfach ein sehr verzweifelter Hilfeschrei. Als ich durch die Badezimmertür ging, wurde ich frei. Die Depression hob sich hinweg und ist auch nach all den Jahren nie wieder zurückgekehrt. Das ist wirklich der beste Weg, frei zu werden! Ich wünschte, es wäre so bei uns allen.

Als ich älter und in Christus reifer wurde, wurde mir bewusst, dass mir eine Vollmacht gegeben worden war, anderen dabei zu helfen, frei zu werden. Wenn Gott zu einer Person kommt und sie freisetzt, wird diese in ihre Bestimmung eingesetzt. Wenn Sie miterleben, wie Menschen, die geschändet, zerrüttet und gebrochen sind, frei werden, ist das ein unvergesslicher Anblick voller Gnade und Schönheit. Dann tritt diese freie Person in ihre Salbung und Bestimmung ein und Sie beobachten, wie sie eine andere gebrochene Person an die Hand nimmt. Sie hat ein starkes Mitgefühl mit anderen, dass auch diese frei werden.

Das ist der Weg der Liebe – und das ist der Weg unseres Vaters. Mit all dem möchte ich Folgendes sagen:

Es gibt viele, die heute aus dem Zerbruch heraus in ihre Bestimmung hineinfinden. Diese Personen werden besondere Begabungen und Salbungen besitzen. So wie Judy wird jede von ihnen überaus einzigartig sein. Und sie brauchen einen Platz im Leib Christi, damit sie ihre Gaben gebrauchen können. Sie brauchen Hirten, die sie begleiten und ihnen Sicherheit geben. Ich habe so viele Menschen gesehen, die freigesetzt wurden und – was das Beste an allem ist – sich durch eine bloße himmlische Begegnung in den dreieinen Gott verliebt haben. In eine solche Begegnung führt Judy Menschen hinein.

Für die von uns, die aus der Gebrochenheit kommen und wahrhaftig mit Gott, nicht nur mit Menschen, eins sein möchten, steht die himmlische Dimension offen. Ich glaube, dass Gott es liebt, uns seine Wirklichkeit zu zeigen, und sich danach sehnt, dass wir sehen und fühlen, wie es ist, mit ihm zusammen zu sein. Sollten wir nicht anfangen, seine himmlische Dimension zu erleben, während wir auf seine Wiederkunft und unser eigenes Heimgehen warten?

KAPITEL 2

Reine Liebe

In Gottes Gegenwart, in seiner Herrlichkeit, besteht eine Liebe, die unbegreiflich erscheint. Diese Liebe geht über die Liebe, die in 1. Korinther 13 beschrieben wird, sogar noch hinaus. Es ist die Liebe, die wir uns von jeher ausgemalt und erhofft haben. Sie ist größer, besser und großartiger als alles, was wir je für möglich gehalten hätten. Eines Tages habe ich sie intensiv gespürt, als ich eine vom Himmel veranlasste Begegnung hatte. Ich weiß, dass diese Liebe für mich ... für Sie ... für alle Menschen gilt. Egal, wie bösartig oder gut wir sind, er liebt uns dennoch. Seine Liebe ist vollkommen. Er liebt nicht den einen mehr als die andere. Sein Herz schlägt voller Liebe. Er ist wahrlich Liebe. Ich weiß es. Ich habe sie gespürt, gesehen und eingeatmet.

Von Liebe überwältigt

Wie fühlt sich diese Liebe an? Lassen Sie es mich beschreiben: Sie ist mehr als wunderbar. Das erste Mal, als ich diese Liebe spürte, war ich in meiner Heimatgemeinde, der Bethel-Gemeinde in Redding, Kalifornien. Ich war gebeten worden, auf die Bühne zu kommen, um von einer Gottesbegegnung zu erzählen, die ich kurz vorher auf einer Reise zur „Toronto Airport Christian Fellowship"[1] erlebt hatte. Ich erzählte darüber, dass ich Jesus gesehen hatte, weiß aber nicht genau, was passiert ist, nachdem ich meine Erfahrung mitgeteilt hatte.

---

[1] Die Gemeinde in Toronto (Kanada), von der der sogenannte „Toronto-Segen" ausging; heißt inzwischen „Catch the Fire Toronto".

Allerdings fand ich mich plötzlich vor der gesamten Gemeinde auf dem Boden liegend wieder. Aus irgendeinem Grund fand ich das komisch. Diese Erfahrung war neu für mich und deshalb wusste ich nicht, was ich nun tun sollte. *Sollte ich schnell aufspringen und so tun, als sei nichts geschehen? Sollte ich von der Bühne herunterrollen oder -krabbeln?* Während der Gottesdienst weiterging, entschloss ich mich schließlich, mich aufzusetzen. Vielleicht würde ja Karen, die neben mir saß, mir sagen, was ich als Nächstes tun sollte. Ich musste aber feststellen, dass ich nicht aufstehen konnte. Es war, als würde ich am Boden festkleben. Dann dachte ich: *Ich kann ja auch einfach hier liegen bleiben und den Rest des Gottesdienstes von hier aus mitbekommen.* Doch Gott hatte eine andere Idee.

Während ich da lag, hatte ich eine Vision: Ich sah Gott, der in der einen Hand einen großen Stein hielt. Dann fing er an, mit der anderen Hand auf den Stein zu klopfen, wobei dieser allmählich wie eine Eierschale aufbrach. Während die Stückchen des Steins wegbrachen, wurde mir bewusst, dass er ein Herz in seiner Hand hielt. Das Herz war dunkel und fast bewegungslos. Doch während er das Herz hielt, kehrte dessen Farbe langsam zurück und es begann kräftiger zu schlagen. Dann sagte er: „Das ist, was ich im Leib Christi, der Gemeinde, tue. Ich sorge dafür, dass die Härte von ihr abfällt und sie wieder heil wird."

Das Licht

Dann blickte ich auf und sah das hellste und schönste Licht. Ich war von seiner Schönheit ganz überwältigt. Wiederholt sagte ich zu Karen: „Schau! Es ist so schön." Das „Licht" kam auf mich zu und wurde größer. Ich verstehe nicht wie, aber ich wusste, dass es sich bei dem Licht um Gottes Herrlichkeit handelte, seine wahrhaftige Gegenwart. Ich hatte vorher schon göttliche Begegnungen im Gebet gehabt, in denen er gesehen hatte, wie sich eine große Burgtür öffnete und ein Licht herauskam, das mich bedeckte. Das Licht, das ich nun wahrnahm, fühlte sich wunderbar an und ich konnte nicht anders als anzubeten. Mir wurde bewusst, dass dieses schöne Licht Gottes Gegenwart, seine Herrlichkeit, darstellte. Es hatte mich über drei Monate hinweg jeden Tag besucht und ich hatte nicht gewusst, was es war.

Während ich auf der Bühne lag, sank die Herrlichkeit Gottes so tief, dass ich meine Hand ausstrecken und sie berühren konnte. Oh, wie sanft und wunderbar sie doch war. Sie kam immer tiefer und wurde so hell, dass ich meine Augen kaum noch offen halten konnte. Ich hielt mir die Hand über die Augen und spähte durch meine Finger, bis ich meine Augen schließlich ganz geschlossen halten musste, um nicht zu erblinden. Das Licht kam dennoch immer näher. Ich atmete es mit jedem meiner Atemzüge ein. Es füllte meine Lungen und durchdrang mein ganzes Wesen. Die Herrlichkeit war schwer und es fühlte sich an, als würde ich heruntergedrückt, obwohl ich bereits auf dem Boden lag.

Schließlich wusste ich, dass mein Körper diese Herrlichkeit nicht mehr länger ertragen konnte. Ich fühlte mich, als würde ich sterben, aber ich hatte keine Angst. Ja, es war mir sogar völlig egal. Was für eine Art zu gehen! Sehr gelassen sagte ich zu Gott: „Nun gut, jetzt werde ich sterben." Während ich in seiner Gegenwart verharrte, zog sich die Herrlichkeit allmählich zurück. Zuerst fiel es mir gar nicht auf, aber irgendwann merkte ich, dass ich meine Augen wieder öffnen konnte. Ich konnte das Licht der Herrlichkeit immer noch sehen und konnte meine Hand durch das Licht bewegen, aber es verschwand langsam. Ich rief zu Gott: „Gehe nicht! Doch wenn du gehst, lass mich mit dir gehen!" Ich wollte ohne diese Gegenwart nicht mehr leben, eine Gegenwart, die sich wie reine Liebe anfühlte, die reinste Liebe, die mir je begegnet war und die alle meine Sinne in Beschlag nahm.

Als es mir dann wieder möglich war, von der Bühne aufzustehen, war der Gottesdienst vorbei. Etwa einen Monat später bekam ich die Gelegenheit, meiner Gemeinde mitzuteilen, was mir passiert war.

Kapitel 3

Zu dumm, um geliebt zu werden

Sie müssen verstehen, dass dies das erste Mal in meinem Leben war, dass ich Liebe gespürt hatte. Ich dachte, ich sei jemand, den man einfach nicht lieben könne. Infolgedessen fiel es mir schwer, überhaupt Liebe zu empfangen. Es mag Ihnen albern erscheinen, doch die Umstände in meinem Leben sagten mir, dass es der Wahrheit entsprach.

Schmerzvolle Erinnerungen

Ich war in dem Wissen aufgewachsen, dass mein Vater mich nicht wollte. Während andere Kinder süße, niedliche Spitznamen hatten, war mein Spitzname „Knallkopf". Wenn ich meine Milch beim Abendessen verschüttete, was wohl öfter passierte, wurde mein Abendessen auf den Fußboden der Küche gestellt. Man sagte mir dann, ich müsse essen wie ein Hund, weil ich schusselig sei. Manchmal wurde ich mit meinem Essen auch in die Badewanne gesetzt. Mein Vater mochte meinen Bruder und zog ihn mir vor. Wann immer er uns irgendwohin mitnehmen musste, sagte er meinem Bruder, er solle mitkommen, während ich im Auto sitzen bleiben musste. Ich wusste, dass er sich wegen mir schämte, verstand aber nicht, warum.

Als ich neun Jahre alt war, schrieb ich der Autorin der Kolumne *Dear Abby* und fragte sie, warum mein Vater mich nicht liebte, obwohl ich doch versuchte, das zu tun, was richtig war. Der Brief wurde nie abgeschickt; stattdessen fand ihn meine Mutter und gab ihn meinem Vater. Ich weiß noch, wie ich auf der Bettkante neben der Tür saß und aufmerksam lauschte, in der Hoffnung, er würde sagen, dass er mich im Grunde doch liebte. Stattdessen brüllte er, dass er mich vielleicht lieben könnte, wenn ich nicht so dumm wäre. Das war also das Problem. Ich war dumm. Dumme Menschen konnten nicht geliebt werden.

Als ich in die erste Klasse kam, wurde es offensichtlich, dass ich nicht so klug war wie die anderen Kinder. Aber erst in der achten Klasse stellte sich nach einem Test heraus, dass ich Lernschwächen hatte. Ich wurde dann in die Klasse für „geistig Zurückgebliebene" gesteckt, wie man es damals nannte. Ja, ich war dumm, und das war der Grund, weshalb sich mein Vater meinetwegen schämte.

Leider fühlte ich mich auch von meiner Mutter nie wirklich geliebt. Meine Mutter war eine gebrochene Person und nicht in der Lage, mich vor den Gemeinheiten meines Vaters zu schützen. Eines Tages, als ich drei oder vier war, strich meine Mutter das Wohnzimmer und ließ versehentlich eine Tasse mit Terpentin auf dem Küchentisch stehen. Ich wachte von meinem Mittagsschlaf auf und ging in die Küche. Da ich dachte, die Tasse sei mit Wasser gefüllt, trank ich sie aus. Man brachte mich schnell ins Krankenhaus, wo mein Magen ausgepumpt wurde. Nachdem ich wieder zu Hause war, begannen meine Nieren zu versagen. Erst viel später fand ich heraus, dass meine Mutter einen Arzt gerufen und ihn angefleht hatte, zu uns nach Hause zu kommen. Wir hatten nicht viel Geld und sie versprach ihm, sie würde ihm für den Rest ihres Lebens jeden Monat zehn Cent zahlen, was in den frühen 1950ern nicht wenig war. Er hatte Mitleid. Er kam und gab mir Antibiotika, und wieder wurde mein Leben gerettet. Als ich etwa 14 Jahre alt war, wurde meine Mutter eine starke Alkoholikerin und stand dadurch weder körperlich noch geistig noch emotional für irgendjemanden zur Verfügung.

Die Mutter meines Vaters zog einige Zeit nach dem Terpentin-Vorfall bei uns ein. Ich fand erst viel später heraus, dass meine Großmutter meine Mutter nicht gemocht und versucht hatte, meinen Vater zu überreden, meine Mutter zu verlassen. Eines Tages, als sie auf mich und meinen Bruder aufpasste, nahm sie mich auf ihren Schoß. Sie erzählte mir, meine Mutter habe den Farbverdünner bewusst draußen stehen lassen, weil ich zu nichts taugte. Sie sagte, ich würde niemals zu irgendetwas taugen, egal, wie sehr ich mich bemühte, weil meine Mutter böse sei.

Folglich wuchs ich mit dem Gefühl auf, ungeliebt, dumm und nutzlos zu sein. Jahre später, nachdem ich bereits verheiratet war, lag meine Großmutter wegen Krebs im Sterben und fing an, die Menschen, die sie verletzt hatte, um Vergebung zu bitten. In dem Bewusstsein, dass sie nicht mehr viel Zeit hatte, bestand sie darauf, mich zu sehen. Als die Familie mich bat, sie zu besuchen, lag sie bereits im Koma und konnte nicht mehr sprechen. Ich glaube, der Grund, warum es ihr solch ein Anliegen war, mich zu sehen, war, dass sie mich um Vergebung bitten wollte. Ich habe ihr vergeben.

Die Lügen des Feindes

Natürlich machen wir alle dumme Sachen, aber bei mir war es anders. Jedes Mal, wenn ich etwas Dummes anstellte, war das für mich eine Erinnerung, dass ich nicht liebenswert war. Selbst nachdem ich verheiratet war und Kinder hatte, glaubte ich nie, dass mein Mann mich wirklich liebte. Wie hätte er mich auch lieben können? Ich machte ja immer noch dumme Sachen. Meine Kinder liebte ich über alles, doch wusste ich in meinem Herzen, dass sie, je älter sie würden, desto mehr erkennen würden, wie dumm ich war und mich nicht mehr lieben würden.

Verlegen und beschämt wegen meiner Dummheit wurde ich still und verschlossen. Ich hatte Angst, mit Menschen zu reden, weil ich befürchtete, sie würden schnell meine Dummheit erkennen. Ich lebte in der Angst, ertappt zu werden. Still und verletzt lernte ich mich zu verstecken. Niemand um mich herum wusste, was ich dachte oder fühlte. So arbeitet der

Feind. Er benutzt Scham und Angst, um uns still und einsam zu machen.

Als ich dann Gottes Liebe spürte, sah und einatmete, veränderte es buchstäblich mein Leben. Ich war total erstaunt, dass mich jemand liebte. Ich verliebte mich Hals über Kopf in ihn. In dem Moment gewann ich einen Vater, Bruder, Lehrer, Wegbegleiter und Freund – nicht jemand, über den ich las, sondern jemand, den ich kannte. Er liebte mich mit einer unbegreiflichen Liebe, die ich tatsächlich erlebte. Ich war nun überzeugt, dass:

> *... weder Tod noch Leben, weder Engel noch unsichtbare Mächte, weder Gegenwärtiges noch Zukünftiges, noch gottfeindliche Kräfte, weder Hohes noch Tiefes, noch sonst irgendetwas in der ganzen Schöpfung uns [mich] je von der Liebe Gottes trennen kann, die uns [mir] geschenkt ist in Jesus Christus, unserem [meinem] Herrn* (Röm 8,38-39 NGÜ).

Ich kann nicht behaupten, dass die Überwindung von Ablehnung augenblicklich geschah. Allerdings war dies der Beginn meines Heilungsprozesses. Ich will damit aber auch nicht sagen, dass es nicht augenblicklich geschehen kann, das kann es, doch für mich war es ein Prozess. Es ist sehr wichtig, unser Denken erneuern zu lassen (vgl. Röm 12,2), damit wir die Wahrheit und keine Lüge glauben. David schrieb: *„Wenn auch mein Vater und meine Mutter mich verlassen, so nimmt doch der Herr mich auf"* (Ps 27,10 SLT).

Als ich zu verstehen begann, dass auch meine Eltern in kaputten Familien aufgewachsen und selbst abgelehnt worden waren, fiel es mir viel leichter, ihnen zu vergeben. Vergebung ist der Schlüssel. Ich, der ich so viel Vergebung erfahren habe, war in der Lage, meinen Eltern ihre scheinbare Ablehnung mir gegenüber zu vergeben. Jetzt weiß ich, dass ich einen Vater im Himmel habe, der mich über alles liebt und niemals ablehnen wird.

Kapitel 4

Liebe über alles

Nachdem ich einmal entdeckt hatte, wie rein diese immerwährende Liebe war, konnte ich nicht anders, als sie an andere weiterzugeben. Wenn ich heute Gruppen anleite und sie in ihre eigenen Begegnungen mit Gott führe, bin ich überrascht, wie viele Menschen nicht verstehen, wie sehr Gott, ihr Vater, sie liebt. Irgendwie lässt Religion uns das glauben, was der Feind sagt, und nicht das, was Gottes Wort sagt. Wenn wir unsere Aufmerksamkeit auf einige der härteren alttestamentlichen Bibelstellen richten, sehen wir Gott möglicherweise als rachsüchtig und bestrafend an. Ignorieren wir die Bibelstellen, die Gottes Liebe in Wort und Tat zum Ausdruck bringen, und vergessen, dass wir unter dem neuen Bund der Gnade leben, machen wir Gott zu einem Zuchtmeister anstatt zu dem, der uns wirklich liebt. Der Apostel Paulus erklärt, dass Gott die Liebe mehr als alles andere wertschätzt.

> *Wenn ich in Sprachen rede, die von Gott eingegeben sind – in irdischen Sprachen und sogar in der Sprache der Engel –, aber keine Liebe habe, bin ich nichts weiter als ein dröhnender Gong oder eine lärmende Pauke. Wenn ich prophetische Eingebungen habe, wenn mir alle Geheimnisse enthüllt sind und ich alle Erkenntnis besitze, wenn mir der Glaube im höchsten nur denkbaren Maß gegeben ist, sodass ich Berge versetzen kann – wenn ich alle diese Gaben besitze, aber keine Liebe habe, bin ich nichts. Wenn ich meinen ganzen Besitz an die Armen verteile, wenn ich sogar bereit bin, mein Leben zu opfern und mich bei lebendigem*

Leib verbrennen zu lassen, aber keine Liebe habe, nützt es mir nichts. Liebe ist geduldig, Liebe ist freundlich. Sie kennt keinen Neid, sie spielt sich nicht auf, sie ist nicht eingebildet. Sie verhält sich nicht taktlos, sie sucht nicht den eigenen Vorteil, sie verliert nicht die Beherrschung, sie trägt keinem etwas nach. Sie freut sich nicht, wenn Unrecht geschieht, aber wo die Wahrheit siegt, freut sie sich mit. Alles erträgt sie, in jeder Lage glaubt sie, immer hofft sie, allem hält sie stand. Die Liebe vergeht niemals ... Was für immer bleibt, sind Glaube, Hoffnung und Liebe, diese drei. Aber am größten von ihnen ist die Liebe (1 Kor 13,1-8.13 NGÜ).

Liebe

Am größten von ihnen ist die Liebe. Und trotzdem hinterfragen wir seine Liebe. Liebt er mich wirklich? Ich bin nicht einmal ansatzweise vollkommen, und es ist einfach, sich unzureichend und schuldig zu fühlen, in dem Wissen, nicht gut genug zu sein. Doch Gott liebt mich und ich kann zusammen mit Paulus sagen:

Es ist also nicht etwa so, dass ich das alles schon erreicht hätte und schon am Ziel wäre. Aber ich setze alles daran, ans Ziel zu kommen und von diesen Dingen Besitz zu ergreifen, nachdem Jesus Christus von mir Besitz ergriffen hat. Geschwister, ich bilde mir nicht ein, das Ziel schon erreicht zu haben. Eins aber tue ich: Ich lasse das, was hinter mir liegt, bewusst zurück, konzentriere mich völlig auf das, was vor mir liegt, und laufe mit ganzer Kraft dem Ziel entgegen, um den Siegespreis zu bekommen – den Preis, der in der Teilhabe an der himmlischen Welt besteht, zu der uns Gott durch Jesus Christus berufen hat (Phil 3,12-14 NGÜ).

Es ist wunderbar, dass Gottes Wort sagt, dass er mich liebt: *„Seht doch, wie groß die Liebe ist, die uns der Vater erwiesen hat: Kinder Gottes dürfen wir uns nennen, und wir sind es*

tatsächlich! ..." (1 Joh 3,1). Ich weiß, dass er mich liebt, nicht nur, weil es sein Wort sagt, sondern weil ich ihn sagen hörte, dass er mich liebt.
Ich liebe Worte. Bernie Ooley, eine wunderbare Bibellehrerin an der „Bethel School of Supernatural Ministry" (BSSM)[1], sagte einmal, Worte seien wie Pakete, die man auspacken müsse. Haben Sie jemals darüber nachgedacht, was *Geduld* tatsächlich bedeutet? Es ist „Ausdauer im ruhigen, beherrschten, nachsichtigen Ertragen oder Abwarten von etwas"[2]. Gott geht uns nach, weil er uns so sehr liebt. Oder lassen Sie uns über *Freundlichkeit* nachdenken: „Zärtlichkeit oder Güte zeigen; gesinnt sein, Gutes zu tun und Freude weiterzugeben; es abzulehnen, zu verletzen oder Schmerz zuzufügen." Das ist unser Gott: geduldig und freundlich.

Wenn Sie das himmlische Reich sehen möchten, müssen Sie an Gottes Geduld und Freundlichkeit glauben. Andernfalls werden Sie Angst vor ihm haben. Wenn Sie sich nicht alles vergegenwärtigen, was Jesus für Sie getan hat, wird die Angst Sie bestrafen. Es ist wichtig, dass Sie seine Freundlichkeit, Toleranz und Geduld nicht auf die leichte Schulter nehmen. Denn es ist die Güte Gottes, die uns zur Umkehr führt (vgl. Röm 2,4).

Freundlichkeit

Wenn ich das Gefühl habe, dass ich Buße tun bzw. umkehren sollte, erinnere ich mich daran, dass es Gottes Freundlichkeit und Güte sind, die mich dazu führen, etwas zu verändern, nicht sein Gericht oder seine Strenge. Gott ist sehr freundlich. Er möchte mir nicht wehtun, sondern zeigt es mir auf sanfte Weise, wenn ich falsch liege. Ich erinnere mich daran, dass er mich eines Tages in der geistlichen Welt an einen Ort mit einer

[1] dt.: Bethel-Schule des übernatürlichen Dienstes

[2] DUDEN – Das große Wörterbuch der deutschen Sprache, 4. Aufl. Mannheim 2012.

riesigen Treppe führte, die weit in die Höhe ragte. Ich konnte das oberste Ende kaum erkennen. Erst nach einiger Anstrengung konnte ich ausmachen, was sich am Ende der Treppe befand: Es war eine Tür. Ich liebe es, neue Orte zu entdecken, also begann ich die Treppe hinaufzusteigen ... und stieg höher ... und höher. Es kam mir wie eine Ewigkeit vor. Es war, als käme ich überhaupt nicht weiter. Doch schließlich erreichte ich das Ende der Treppe. Ich war kurz davor, die Tür zu öffnen, um zu sehen, welche herrlichen Dinge sich auf der anderen Seite befanden, als der Vater sagte: „Es tut mir leid, aber da kannst du nicht hineingehen."

Ich dachte mir: *Da kann ich nicht hineingehen? Ich habe so lange gebraucht, um die Treppe hochzusteigen. Und nun bin ich am obersten Ende angekommen, nur um zu hören, ich dürfe da nicht hineingehen?* „Aber warum?", fragte ich.

Der Herr sagte: „Weil du auf jemanden wütend bist." Sobald er das sagte, wusste ich sofort, was er meinte. Ein paar Stunden vorher war etwas vorgefallen und ich hatte mich über jemanden geärgert. Ich erkannte dann, dass ich immer noch verärgert war.

Ich wurde von der Wahrheit getroffen, dass mich meine Sünde davon abhalten kann, die neuen Orte zu betreten, die Gott mir zeigen möchte. Der Herr wurde weder verärgert noch tadelte er mich. Er teilte mir ruhig und behutsam etwas mit, was mich davon abhielt, ein neues Abenteuer mit ihm zu erleben.

Es ist so viel einfacher, Buße zu tun, wenn man nicht das Gefühl hat, dass Gott böse auf einen ist. Er hat es nicht nötig, schroff zu sein, weil er uns liebt und das Beste für uns möchte. Das kennzeichnet eine Liebesbeziehung. Der wichtigste Grund, aus dem ich Buße tue bzw. meine Art zu denken verändere, ist der, dass mein Vater es mir gesagt hat, und nicht nur deshalb, weil ich weiß, dass die Bibel es mir vorschreibt. Ich bin zu der Erkenntnis gekommen, dass Jesus einen gewaltigen Preis für mich bezahlt hat. Und mein Freund, der Heilige Geist, möchte mich ja lediglich auf gerechten Pfaden führen und mich auf dem Weg trösten.

Begleiten Sie mich weiter auf meiner Reise. Es gibt so viel mehr in diesem Reich der reinen Liebe zu entdecken. Lassen Sie uns zunächst jedoch ein paar Hindernisse überwinden, damit Sie einen Einblick in das bekommen können, was sich in diesem Reich der Liebe befindet.

Kapitel 5

Befähigt zu sehen

Ich glaube, dass Sie in die himmlische Welt sehen können, indem Sie Ihre geistlichen Augen benutzen. In Epheser 1,18 heißt es:

> *Er erleuchte die Augen eures Herzens, damit ihr wisst, was die Hoffnung seiner Berufung, was der Reichtum der Herrlichkeit seines Erbes in den Heiligen ... ist.*

Ich mag den Teil dieses Verses, der von der Hoffnung seiner Berufung und der Herrlichkeit seines Erbes spricht; was aber wirklich meine Aufmerksamkeit erregt, ist der Ausdruck „Augen eures Herzens". Damit sind nicht die „Augen unseres Kopfes" gemeint, die die natürliche Fähigkeit haben, die natürliche Welt zu begreifen (obwohl wir mit unseren natürlichen Augen manchmal auch übernatürliche Dinge – wie beispielsweise Engel – sehen). Vielmehr sind jene solche Augen, die geistliche Dinge wahrnehmen. Sie nehmen natürliche und übernatürliche Dinge wahr.

Was möchte Paulus ihrer Meinung nach wohl ausdrücken? Ich glaube, er möchte sagen, dass sich die Augen unseres Geistes öffnen sollen. Hat Ihr Geist tatsächlich Augen? In seinem Buch *Discovering the Seer in You* erklärt James Goll:

Jeder wiedergeborene Gläubige hat zwei verschiedene Arten von Augen. Wir haben unsere körperlichen Augen, mit denen wir die physische Welt um uns herum wahrnehmen. Darüber hinaus spricht der Apostel Paulus noch von weiteren

Augen – den Augen unseres Herzens, die erleuchtet werden können, um geistliche Wahrheit zu erkennen.[1]

Jesus sagte wiederholt: „*Wer Ohren hat zu hören, der höre*" (vgl. Mt 11,15; Mk 4,9.23; 7,16; Lk 8,8; 14,35). Unsere Ohren sind demnach dazu da, zu hören. Mir ist bewusst, dass einige Menschen schwerhörig oder taub sind, aber die große Mehrheit hat die Fähigkeit zu hören. Was hat er demnach damit gemeint? Sprach er möglicherweise über unsere geistlichen Ohren bzw. die Ohren unseres Geistes?

1. Korinther 14,2 erinnert uns an das Folgende: „*Denn wer in einer Sprache redet, redet nicht zu Menschen, sondern zu Gott; denn niemand versteht es, im* ***Geist*** *aber redet er Geheimnisse.*" 1. Korinther 14,14 erläutert, dass, wenn wir in Sprachen reden, unser Geist spricht. Wir wissen, dass wir Geist sind, weil es in Römer 8,16 heißt: „*Der Geist selbst bezeugt zusammen mit unserem Geist, dass wir Kinder Gottes sind.*" Und 1. Korinther 2,11 (SLT) teilt uns mit: „*Denn wer von den Menschen kennt die [Gedanken] des Menschen als nur der Geist des Menschen, der in ihm ist?*"

Wir wissen, dass wir außer unserem Geist auch einen Körper haben. Und wir wissen, dass wir alle eine Seele haben, die unseren Verstand, Willen und unsere Gefühle umfasst. In Jakobus 2,26 heißt es: „*Genauso nämlich, wie der Körper ohne den Geist ein toter Körper ist, ist auch der Glaube ohne Taten ein toter Glaube.*"

Das übernatürliche Reich

Verstehen Sie, was in der geistlichen Welt mit Ihrem Geist passieren kann? Sie können mit Ihren geistlichen Augen, Ohren und Ihrer geistlichen Stimme innerlich tatsächlich sehen, hören und sprechen. Als ich anfing, dies zu begreifen, ergab es immer mehr Sinn für mich. Ich musste oft feststellen, dass

---

[1] Goll, J., *Discovering the Seer in You* („Entdecken Sie den Seher in sich") Destiny Image Publishers, Shippensburg 2007, S. 13.

dieses Konzept ein Hindernis für diejenigen sein kann, die in die geistliche Welt sehen wollen, aber Schwierigkeiten haben, dies zu tun. Zuerst müssen Sie sich bewusst machen, dass es ganz ähnlich ist, wie mit Ihrer Vorstellungskraft zu sehen. Der Prophet Bob Jones verwendet den Begriff „geheiligte Vorstellungskraft". Bill Johnson sagt: „Eine geheiligte Vorstellungskraft versetzt Sie in die Lage, Träume und Visionen zu empfangen."

Um sich etwas vorzustellen, formt man in seinem Verstand ein Bild von etwas. Sie können in Ihrem Verstand tatsächlich etwas sehen, das irreal ist. Ich spreche hier nicht von etwas, das Sie sich in ihrem Verstand ausdenken. Es ist etwas, was Sie wahrnehmen, ohne dass es Ihren Gedanken entsprungen ist. Es handelt sich um etwas, das Sie erfahren. James Goll schreibt in dem erwähnten Buch weiter: „Ich bin überzeugt, dass jeder Gläubige ‚Seher-Fähigkeiten' entwickeln kann."

Derweilen kann ich hören, wie Leute sagen: „Das sind lediglich nichtige Gedanken, und Sie werden in die Irre gehen, wenn Sie sich Dinge vorstellen" (vgl. Röm 1,21). Ich stimme zu, dass die Gefahr besteht, Fehler zu machen, wenn wir uns Dinge vorstellen. Es besteht jedoch auch die Gefahr, unglaublich starke und göttliche Erfahrungen zu verpassen, weil wir Angst haben, getäuscht zu werden. Es besteht außerdem eine Gefahr darin, etwas als „unrein" zu bezeichnen, was Gott „rein" genannt hat.

Ich bin der Meinung, dass mein Geist wahrhaftig lebendig gemacht und mein Verstand durch sein Wort gereinigt worden ist. Ohne jeglichen Anspruch auf eigene Sündlosigkeit oder Vollkommenheit zu erheben, wenn es um das Sehen in das Reich Gottes geht, glaube ich fest, dass meine sündige Natur mit Christus gekreuzigt wurde. Demnach ist es für mich nicht normal, zu sündigen (vgl. Röm 6). Natürlich kann ich es immer noch tun (zu meinem Leidwesen), aber es ist nicht mehr natürlich für mich. Ich habe also viel Vertrauen in das, was Jesus am Kreuz für uns getan hat. Aufgrund meines erneuerten Herzens und Verstandes, meines lebendig gemachten

Geistes und dem Heiligen Geist, der für alle Zeiten in mir wohnt, bin ich zuversichtlich, dass er mich leiten kann.

Zudem regen Bibelabschnitte unsere Vorstellungskraft unaufhörlich an. Die Propheten und Psalmisten schufen viele Bilder. Beispielsweise kann ich Sacharias fliegende Schriftrolle nur „sehen“, wenn ich Bilder vor meinem geistigen Auge vorbeiziehen lasse (vgl. Sach 5). Die Propheten des Herrn riefen Israel dazu auf, sich einerseits das kommende Urteil vorzustellen, das sie ereilen würde, wenn sie nicht zu dem Bund zurückkehren würden, und andererseits die Segnungen, wenn sie es täten. Gott hatte gehofft, dass diese Informationen und die dadurch erzeugten mentalen Bilder sie zur Buße bewegen würden. Auch durch die Vorstellungskraft möchte der Herr uns erreichen, ebenso wie durch Sprache und Musik.

Ich bin mir über einige der Diskussionen unter Propheten bewusst, wo es darum geht, wer das Recht hat, diese Art von himmlischen Erfahrungen zu initiieren: Gott oder wir. Solche Bedenken kommen in der Regel zur Sprache, wenn ich Menschen helfe und sie anleite, die sich Gott öffnen wollen, damit er auf diese Weise mit ihnen kommunizieren kann. Es scheint offensichtlich zu sein, dass Gott das Recht hat, diese Dinge zu initiieren. Wir denken alle, kein Problem damit zu haben, bis jemand behauptet, er habe eine Vision gehabt. Dann werden wir nervös! Dürfen wir diese Art von Erfahrungen initiieren? Ich denke, wir dürfen zumindest darum bitten und uns zur Verfügung stellen. Wie Sie an den himmlischen Visionen sehen werden, die ich im Folgenden erzähle, ist meine eigene Erfahrung, dass sie sich manchmal überraschend ereignen. Andere Male bete ich, warte und hoffe, dass mich eine „Überraschung“ ereilt.

Sind diese himmlischen Visionen von derselben Art wie die, die Menschen in der Bibel erlebt haben? Lassen sie sich mit Paulus‘ Erfahrung, in den dritten Himmel entrückt zu werden, oder mit Hesekiels Visionen vergleichen? Nun, sie lassen sich damit vergleichen, aber ich behaupte nicht, dass sich die Dinge, die ich sehe und sage, auf der gleichen Ebene befinden wie die der inspirierten und maßgeblichen Heiligen Schrift. Ehrlich gesagt, habe ich einige Dinge gesehen, die ich nicht verstehe und nicht weitergeben werde, bis ich sie verstehe. Ich bilde aus ihnen keine neue Lehre oder Theologie. Ich habe die Dinge einfach nur gesehen. Auf den nächsten Seiten werde ich Ihnen über Momente berichten, in denen ich dachte, ich hätte alles ruiniert, weil ich etwas gesehen hatte, was ich nicht hätte sehen sollen. Doch dann teilte der Heilige Geist mir mit, dass es in Ordnung war.

In der Bibel scheint es verschiedene Arten von übernatürlichen Erfahrungen und Visionen zu geben. Meine himmlischen Erfahrungen waren sehr vielfältig, und ich gehe davon aus, dass es anderen genauso geht. Bei manchen dieser Erlebnisse habe ich das Gefühl, ich könne „sie verlassen", wann immer ich wollte. Zu anderen Zeiten verliere ich mich völlig in ihnen. Es kommt mir jedenfalls immer so vor, als würde ich irgendwohin „gehen", wenn man das so sagen kann. Außerdem werde ich geführt, anstatt selbst zu führen. Dabei habe ich jedoch die Freiheit, Fragen zu stellen und Bitten vorzubringen. In diesem Sinne könnte man sagen, dass ich einiges auch selbst auslöse.

Kurzum, Gott und ich tun uns in diesen Zeiten zusammen. Ein paar Seiten weiter werde ich von einigen meiner „Reisen" berichten. Sie hören sich vielleicht wie einfache Geschichten an, hatten aber alle eine äußerst tiefgreifende Wirkung auf mich und dienen als Beispiele für die Art von Erfahrungen, die auch auf Sie warten können.

Was ist mit Täuschung?

Zunächst hatte ich Angst, getäuscht zu werden. Also redete ich eines Tages mit Bill Johnson über meine Bedenken. Er sagte dazu: „Dann ist dein Gott zu klein und dein Teufel zu groß." Mir wurde bewusst, dass ich den Vater, Jesus und den Heiligen Geist liebte und dass der Heilige Geist mein Leiter und Lehrer war. Ich vertraue ihm, dass er mich auf rechten

Wegen führt, und ich habe Menschen in meinem Leben, denen ich Rechenschaft ablege. Ich kenne das Wort. Deshalb habe ich keine Angst mehr davor, getäuscht zu werden. Angst kommt vom Feind, und ihm liegt alles daran, dass wir Gott nicht erleben. Die Wahrheit ist außerdem, dass Jesus mein Herz kennt und mehr als fähig ist, mich auf seinen Wegen zu halten. In Judas 1,24 heißt es:

> *Dem, der die Macht hat, euch vor jedem Fehltritt zu bewahren, sodass ihr untadelig und voller Freude und Jubel vor seinen Thron treten könnt.*

Ist es möglich, dass jemand getäuscht wird oder „die Grenze überschreitet"? Sicher, aber wer sagt, dass er die Grenzen nicht sowieso überschreiten würde? Menschen können so ziemlich alles verdrehen und getäuscht werden. Wir dürfen nicht zulassen, so viel Angst davor zu haben, in die Irre geführt zu werden, dass wir „das Kind mit dem Bade ausschütten". Wir müssen lernen, „das Fleisch zu essen und die Knochen auszuspucken". Bill Johnson sagt: „Eine Überreaktion auf Fehler führt häufig zu mehr Fehlern." Letztendlich sind wir selbst für uns verantwortlich. Es ist wichtig, dass wir uns nicht vor jemandem fürchten, der anders denkt als wir, und uns an etwas stoßen, das uns zum Guten dienen soll.

Kapitel 6

Hindernisse auf dem Weg zum Sehen

Kindlicher Glaube

Wie können Sie nun lernen, mit den Augen Ihres Geistes zu sehen? Sie nähern sich Gott mit kindlichem Glauben und Vertrauen in dem Wissen, dass er Sie gerne empfängt und Sie näher an sich ziehen wird. Markus 10,15 (NGÜ) sagt uns: *„Ich sage euch: Wer das Reich Gottes nicht wie ein Kind annimmt, wird nicht hineinkommen."* Wir denken möglicherweise, dies beziehe sich darauf, nach unserem Tod in den Himmel zu kommen, aber Jesus sagte: *„Das Reich Gottes ist nahe"* (vgl. Mt 3,2; 4,17; 10,7; Mk 1,15). Das Reich ist hier und jetzt von Bedeutung. Die Wahrheit ist, dass wir eine kindliche Haltung brauchen, und zwar jetzt. Denken Sie einmal darüber nach: Gott hat diesen Planeten erschaffen und die Ordnung aufgestellt, die er sich gewünscht hat. Dann hat der Mensch, den er geschaffen hatte, rebelliert, und Gott musste Jesus senden, um uns von unserer Torheit zu erretten. In all dem wird er Vater und wir seine Kinder genannt.

Zuerst müssen wir darauf vertrauen, dass unser Vater nur das Beste für uns möchte, so wie wir nur das Beste für unsere Kinder wollen. Deshalb wissen wir, dass das, was er von uns möchte, uns zum Besten dient. Denken Sie einmal darüber nach: Bitten Sie Ihre Kinder je um etwas, ohne dass es ihnen zum Besten dient? Würden Sie Ihr Kind bitten, etwas zu tun, was ihm körperlichen oder emotionalen Schaden zufügen könnte? Natürlich nicht. Wie viel mehr liebt uns unser Vater im Himmel! Ich liebe es, die Gesichter meiner Kinder zu beobachten, wenn sie die guten Geschenke öffnen, die ich ihnen gebe. Es bereitet mir genauso viel Freude, dass sie sich freuen, wie sie Freude daran haben, die Geschenke zu bekommen. Unseren Vater drängt es, uns gute Dinge zu geben. Er ist mehr als bereit, uns die Werkzeuge, die wir brauchen, zu geben, damit wir die Aufgaben ausführen können, um die er uns bittet. Verstehen Sie, worauf ich hinaus möchte?

Obwohl ich Ihnen keine Statistiken bieten kann, habe ich festgestellt, dass Menschen, die in ihrer Haltung gegenüber Gott nicht kindlich sein können, die meisten Schwierigkeiten haben, ihn in irgendeiner Weise zu erleben. Ich sage nicht, wir sollten nicht reif sein. Der reife Gläubige wird in Wirklichkeit dem Vater vertrauen und sein Herz schützen, damit es kindlich bleibt.

Glauben Sie, dass Ihnen vergeben wurde, und vergeben Sie

Das größte Hindernis, Gott zu begegnen, ist, nicht an seine vollständige Vergebung zu glauben. Wir sagen, wir glauben an die Lehre der Vergebung, aber wir haben die Wahrheit von Vergebung nicht in unseren Herzen erfasst. Obwohl wir versuchen, „es vorzutäuschen", spiegelt sich unser Unglaube in unseren Einstellungen und Verhaltensweisen wider. Weil wir nicht glauben, dass uns alles vergeben ist, haben wir Schwierigkeiten zu glauben, dass wir „gut" genug sind, um Jesus nahe zu kommen. Nicht zu glauben, dass wir „gut" genug sind, geht einher mit dem Hindernis, dass wir meinen, uns sei nicht völlig vergeben.

Ich habe mit vielen Menschen gebetet, die Jesus in weiter Ferne sehen können, doch wenn ich sie bitte, sich Jesus zu nähern, schaffen sie das nicht. In diesem Fall lege ich dann eine Pause ein und frage sie, ob sie möglicherweise anderen oder sich selbst in ihrem Herzen noch nicht vergeben haben. Ist es nicht traurig, dass wir auf die Idee kommen können, wir hätten zu viele Fehler begangen, um uns Jesus nähern zu können? Einmal betete ich mit einem Mädchen, das sich selbst in einer Szene mit Jesus sah, in der sie ihren Blick auf die Schönheit des Himmels richtete. Als ich sie fragte, wo Jesus war, sagte sie mir, er stünde hinter ihr. Ich bat sie, sich umzudrehen, aber dazu war sie scheinbar nicht in der Lage. Schließlich fing sie an zu weinen und erzählte mir, sie habe Angst, dass, wenn sie sich umdrehte, Jesus gar nicht da wäre. Als ich mit ihr betete, vertraute sie mir an, dass sie von ihrem Vater im Stich gelassen worden war, als er ihre Familie verlassen hatte. Sie hatte diese Angst vor dem Verlassenwerden auf Jesus übertragen. Obwohl sie Jesus sehr liebte, hatte sie dennoch das Gefühl, er sei nicht für sie da

Eine nötige Lektion

Ich erinnere mich an eine Zeit, in der ich etwas tat, wodurch einige Menschen verletzt wurden. Als ich erkannte, was ich getan hatte, ging ich zu ihnen hin und bat um Vergebung. Ohne zu zögern verziehen sie mir. In jener Nacht, als ich mit dem Vater über diese Situation sprach, sagte er etwas, was in meinen Ohren hart klang. Ich ließ meinen Kopf hängen wie ein Kind, wenn es ausgeschimpft wird. Der Vater beugte sich zu mir, bis sein Gesicht ganz nah an meinem war, und sagte sehr freundlich: „Schreibe mir nie einen solchen Ton zu; ich spreche nur mit Güte und Barmherzigkeit zu dir."

Ich war sprachlos. Ich sagte zu ihm: „Willst du damit sagen, dass ich die Art, wie ich dich höre, ändern kann, je nachdem, wie ich über mich selbst denke, oder glaube, wie du über mich denken solltest?" Dadurch ging mir ein Licht auf. Als ich am nächsten Tag mit Bill Johnson darüber redete, erinnerte er mich an eine Schriftstelle in Johannes 12,28-29:

> *„Vater, offenbare die Herrlichkeit deines Namens!" Da sprach eine Stimme aus dem Himmel: „Ich habe es getan und werde es auch jetzt wieder tun."* **Viele Menschen**

standen dabei und hörten die Stimme. Sie sagten: „Es hat gedonnert." Einige meinten: „Ein Engel hat zu ihm gesprochen."

Owohl jeder etwas hörte, waren somit einige Leute „schwerhörig". Was sie hörten, war jeweils davon abhängig, wer sie glaubten, dass Jesus sei.

Als Jesus am Kreuz starb, bezahlte er voll und ganz für jede einzelne Sünde. Es gibt nichts, was wir zu dem, was er schon getan hat, hinzufügen könnten! Deshalb sollte seine Stimme nur als eine Stimme voller Güte zu hören sein.

Warum halten Sie nicht gerade jetzt einmal inne und denken darüber nach, ob es eine mögliche Sünde gibt, die Sie zurückhält bzw. für die Sie sich schämen? Vielleicht haben Sie schon 100-mal zuvor um Vergebung gebeten. Rechnen Sie jetzt endgültig mit dieser Sünde ab. Sie wurde vor langer Zeit zusammen mit Jesus ins Grab gelegt. Doch als Jesus auferstand, blieb Ihre Sünde im Grab. Halleluja! Jesus geht niemals zum Grab zurück, um zu sehen, was darin liegt – und wir sollten das auch nicht tun. Gott sagt: *„Ich werde nie mehr an ihre Sünden denken"* (vgl. Hebr 8,12; 10,17).

Eine Randbemerkung zum Thema Vergebung: Nachdem der Herr mit mir über die Art und Weise gesprochen hatte, in der er zu mir redet, dachte ich immer noch, ich müsse zumindest meinen Kopf hängen lassen, wenn ich die Menschen traf, die ich verletzt hatte. Schließlich wollte ich sie wissen lassen, dass es mir wirklich leidtat. Sofort sprach der Herr: „Wenn du das tust, ist dir ihre Vergebung wichtiger als meine Vergebung. Ich habe dir vergeben, selbst wenn sie es nicht getan hätten. Dir wurde vergeben, und dementsprechend solltest du dich auch verhalten." Ich kann Ihnen sagen, dass es nicht leicht war, am nächsten Morgen in die Gemeinde zu gehen und mich so zu verhalten, als hätte ich nichts Unrechtes getan. Ich hatte Angst, sie würden denken, mir täte es nicht wirklich leid. Ich hatte Angst ... Es ist nicht gut, Menschenfurcht mit uns herumzutragen.

Ein weiteres Hindernis, Gottes Gegenwart zu erleben, ist, Anstoß an Gott zu nehmen. Manche behaupten, sie nähmen keinen Anstoß an Gott, erkennen dabei aber nicht, dass auch ihre Gefühle, verletzt zu sein, ein solcher Anstoß sind. Wir wissen, dass Gott in allen seinen Wegen vollkommen ist, und versuchen deshalb unser Verletztsein wegzuerklären, obwohl wir verletzt sind. In unserem Schmerz vertrauen wir einfach nicht darauf, dass er tut, worum wir ihn bitten. Wir bringen unsere Bitten zwar vor, sind dabei aber voller Zweifel.

Wir denken: *Warum sollte Gott mir irgendetwas Himmlisches zeigen, wenn er nicht einmal mein anderes Gebet beantwortet hat, das viel wichtiger war?* Wir müssen die Frage in unseren Herzen beantworten. Jeder hat Gebete, die unerfüllt geblieben sind, aber werden wir so reagieren wie David? „*Vertraue auf den HERRN mit deinem ganzen Herzen und stütze dich nicht auf deinen Verstand*“ (Spr 3,5). Oder werden wir uns gekränkt zurückziehen?

Lassen Sie die Scham los

Wir müssen unsere Scham loslassen. Wie ich bereits sagte, hat der Feind Scham verwendet, um mich zum Schweigen zu bringen. Aufgrund meiner Verlegenheit und Scham darüber, mir dumm vorzukommen, wurde ich still und zog mich zurück. Ich wollte nicht mit Leuten reden, weil ich Angst hatte, sie würden mich schließlich ablehnen. Scham loszulassen geht mit Vergebung Hand in Hand. Wenn wir uns selbst vergeben wollen, müssen wir auch die Scham loslassen. Jesus beschämt uns nicht und wir möchten ihn angemessen repräsentieren. Wenn wir uns also selbst vergeben und unsere Scham loslassen, zeigen wir der Welt die Größe seiner Liebe. Uns ist wirklich vergeben worden, und wir sollten uns entsprechend verhalten.

Kapitel 7

Er wird Sie niemals ablehnen

Ablehnung ist ein weiteres Hindernis, das uns davon abhält, Gottes Liebe zu empfangen und ihn mit den Augen unseres Geistes zu sehen. Eines Tages gab Gott mir eine Vision, durch die ich von meinem Ablehnungsgefühl geheilt wurde und die mich außerdem seine erstaunliche Liebe besser verstehen ließ. In dieser Vision sah ich, wie meine Mutter auf dem Geburtsbett lag und mich zur Welt brachte. Sie war mit einem Laken bedeckt. Quer über das Laken war das Wort *Ablehnung* geschrieben. In meinen Augen ergab das Sinn, weil meine Mutter als eines von neun Kindern während der Weltwirtschaftskrise aufwuchs und ein sehr schweres Leben hatte. Sie musste die Schule abbrechen und arbeiten, um ihre Familie zu unterstützen. Ihr Vater war ein zorniger Mann, der ihre Mutter und alle seine Kinder schlug.

In der Vision sah ich dann, wie ich geboren wurde. Während der Arzt mich hielt, sah ich, dass das Wort *Ablehnung* auf mir geschrieben stand. Als ich die Vision hatte, wurde mir bewusst, dass es sich dabei um einen Generationsfluch handelte.

Ein Teil der Ablehnung, die mich belastete, rührte daher, dass meine Mutter sie an mich weitergegeben hatte. Aber ich wusste nicht, was ich mit dieser Information tun sollte. Erst später verstand ich, wie ich von diesem Fluch befreit werden konnte.

Bei einem weiteren Besuch der „Toronto Airport Christian Fellowship" hatte ich mich vor Beginn der ersten Einheit der Konferenz, die ich dort besuchte, in meinem Hotelzimmer hingelegt. Dabei empfing ich dieselbe Vision noch einmal. Wieder sah ich meine Mutter auf dem Geburtsbett und konnte mitverfolgen, wie ich geboren wurde. Auf uns beiden war dieses Wort *Ablehnung* zu sehen. Aber dieses Mal war etwas anders. In der vorherigen Vision hatte ich nur die Arme des Arztes gesehen, die mich hielten. Dieses Mal schwenkte die „Kamera" zurück und ich sah, dass der Arzt, der mich hielt, Jesus war. Er lächelte das Baby (mich) an, während er das Wort *Ablehnung* von mir abstreifte. Dann hob er seinen Blick: Er sah mir jetzt direkt in die Augen und lächelte mich an. Welch ein Retter! Was für ein wunderbarer, wunderbarer Heiler! Ich dachte, das sei schon alles, aber er hatte für diese Reise eine noch vollständigere Heilung für mich geplant.

Nur ein Flüstern

Am vorletzten Abend der Konferenz saß ich im Shuttlebus, der unsere Gruppe zurück zum Hotel brachte, meiner Freundin Claudia Perry gegenüber. Claudia rief meinen Namen. Während ich mich nach vorne beugte, um sie anzusehen, formten ihre Lippen lautlos die Worte: „Ich liebe dich." Es war nichts Dramatisches, aber ich fühlte mich, als sei ich mitten ins Herz getroffen worden. Ich schloss die Augen und fragte mich, was jetzt wohl geschehen würde, als Gottes Gegenwart immer stärker wurde. Alle standen auf und stiegen aus dem Bus, aber mir fiel es schwer zu stehen. Ich konnte nur ganz gekrümmt zurück zum Hotel gehen. Als ich bei den Aufzügen ankam und mich gegen die Wand lehnte, stellte ich fest, dass mich mehr und mehr all meine motorischen Fähigkeiten verließen. Ich hörte einige aus der Gruppe meinen Namen rufen, konnte aber nicht antworten. Bob, Claudias Ehemann, der sehr groß ist, tauchte hinter mir auf und führte mich in den Fahrstuhl. Als er mich losließ, fiel ich zu Boden. Bill und Beni Johnson, meine Pastoren, und vier andere Paare waren ebenfalls dabei. Man sollte meinen, dass es mir peinlich war. Indessen war alles, was ich tun konnte, mich zu fragen, was Gott mit mir machte. Sie trugen mich schließlich in mein

Zimmer, legten mich aufs Bett und ließen mich dort zurück, während sie zum Abendessen gingen.

Nachdem sie gegangen waren, kam Gott. Der Raum verschwand und ich war mit dem Vater und Jesus zusammen. Ich sah ein riesiges Blatt Papier, das in der Mitte zu brennen anfing. Während ich es brennen sah, wurde mir bewusst, dass es die Lüge darstellte, die ich glaubte: die Lüge, nicht liebenswert zu sein. Natürlich glaubte ich, dass Gott mich liebte. Ich hatte seine Liebe ja erfahren. Aber konnten Menschen mich lieben? Nein, denn ich war ja immer noch dumm. Obwohl ich also wusste, dass Gott mich liebte, glaubte ich nicht, dass auch Menschen mich lieben konnten. Doch die Lüge, die ich geglaubt hatte, verbrannte nun. Vielleicht haben auch Sie erlebt, wie es ist, wenn Gott eine Lüge aufdeckt, von der Sie geglaubt hatten, sie sei wahr. Es ist schwer zu glauben, dass man so lange Zeit solch tiefsitzende Gefühle, wie nicht liebenswert und abgelehnt zu sein, gehabt hat, und dabei waren sie noch nicht einmal wahr!

Dann griff der Vater in mich hinein und nahm mein Herz in seine Hände. Er und Jesus schauten auf mein Herz, das teilweise schwarz war. Ich wusste, dass der schwarze Teil meines Herzens der Bereich war, der stark verletzt und beschädigt worden war. Der Vater brach mit seiner Hand den beschädigten Teil ab und warf ihn weg. Dann griff er in sein eigenes Herz hinein, nahm etwas von seinem Herzen, fügte es meinem Herzen hinzu und legte das Herz zurück in meinen Körper. Jetzt habe ich einen Teil seines Herzens, der in meinem schlägt.

Ich kann Ihnen sagen, dass ich diesen Ort, an dem ich mit ihm zusammen war, nicht mehr verlassen wollte. In seiner Gegenwart, bei ihm zu sein, ist die höchste und äußerste Freude. Es ist außerdem der Ort vollkommener Freiheit von allem, was uns zurückhält.

Immer wieder habe ich Menschen erzählt, dass Gott noch viel mehr mit ihnen zusammen sein möchte, als sie mit ihm. ***Er lehnt Sie niemals ab!*** Er wartet darauf, Ihnen auf eine persönlichere Weise zu begegnen. Es war niemals Gottes Absicht, seinem Sohn eine „08/15-Braut“ zu geben. Wenn wir ihn als unseren Retter annehmen, kommt er, um in uns zu wohnen. Dies ist der Punkt, an dem die Braut und ihr Bräutigam ihre Beziehung beginnen und ihre Einheit vollziehen. Von da an gehen wir mit ihm weiter und entwickeln eine engere und tiefere Beziehung mit unserem Bräutigam. Dabei entdecken wir die Geheimnisse, die ihn auszeichnen, und ich wage zu behaupten, auch er erfährt mehr über uns.

Was für eine großartige Reise! Es ist so aufregend, dass wir jeden Tag mit ihm zusammen sein können.

Kapitel 8

Auf dem Schoß des Vaters sitzen

Ich möchte wiederholen, was ich schon gesagt habe: Gott hat immer mehr für uns. Gott hat mehr für Sie! Vor allem möchte er Ihnen seine *Freundschaft* schenken. Dies ist der wahre Sinn von Christi Opfer am Kreuz. Er schuf einen Weg, damit wir wieder mit unserem Vater vereinigt werden können. Während wir lernen, mit ihm in Beziehung zu stehen, wird die vollständige Auswirkung der Errettung – die Heilung unserer Seele, unseres Geistes und Körpers – in unserem Leben sichtbar. Wir müssen nicht warten, bis unser Leben auf der Erde vorbei ist, bevor wir eine echte Vertrautheit mit Gott und die damit einhergehende Wiederherstellung erfahren können.

Gott möchte uns jedoch nicht nur heilen. Das *Mehr*, das Gott für mich hatte, war nicht einfach nur, die Gebrochenheit in meinem Leben rückgängig zu machen. Er wollte sie mit dem ersetzen, was er von Anfang an für mich geplant hatte: eine Beziehung mit ihm. Eine Beziehung, in der er mir mitteilt, wer er ist, damit ich ihn kennen, ihm ähnlich werden und mit ihm zusammen Geschichte schreiben kann.

Ohne Frage spielten Visionen in meinem Heilungsprozess eine enorme Rolle. Doch – wie Sie auf den folgenden Seiten noch sehen werden – ist der andere Teil der Geschichte, dass Gott mir diese visionären Erfahrungen in erster Linie deshalb schenkte, weil er dadurch eine Beziehung zu mir aufbauen konnte. Diese Dimension meiner Beziehung mit Gott eröffnete sich mir im Februar 1997 vor meiner ersten Reise nach Toronto. Damals las ich *Beyond the Veil* („Hinter dem Vorhang"), ein Buch von Alice Smith zum Thema Gebet, in dem es darum geht, Gott näher zu kommen. Der Titel bezieht sich auf das biblische Bild von Moses Stiftshütte und dem Tempel, in denen die Gegenwart Gottes hinter einem Vorhang im Allerheiligsten gehalten wurde. Dieser Vorhang zerriss bei Christi Tod, was deutlich macht, dass wir nicht länger von der Gegenwart Gottes ferngehalten werden, sondern eingeladen sind, eine persönliche Beziehung mit ihm zu führen. Aber nun lud der Herr mich ein, hinter den Vorhang zu kommen.

Eines Abends ging ich ins Bett. Als ich zu beten anfing, konnte ich eine Tür sehen, die sich ein wenig öffnete. An diesem Punkt meines Lebens wusste ich nicht, dass es mir möglich war, seine Gegenwart auf diese Weise zu erfahren. Ich hatte nie zuvor etwas Vergleichbares gespürt. Es war so lieblich und so heilig.

Während ich seine Gegenwart erlebte, hörte ich auf zu beten, da ich ihn nur noch anbeten wollte. Mit diesem erstaunlichen Bewusstsein seiner Gegenwart wurde mir absolut klar, wie groß und anbetungswürdig er war. Dies setzte sich über Nächte fort: Ich fing an zu beten, dann öffnete sich die Tür ein wenig und ich konnte gar nicht anders, als Gott anzubeten. Ich musste ihn einfach anbeten, weil die Atmosphäre so unbeschreiblich herrlich war. Ein Teil des Wortes *anbeten* bedeutet „küssen".

Offene Tür

Dann, im Mai 1997, kurz nach dieser ersten Reise nach Toronto, fing ich eines Nachts an zu beten, als sich die teilweise geöffnete Tür plötzlich völlig öffnete. Ich fand mich an einem Ort wieder, an dem zwei Gestalten vor mir standen. Als sich die Tür zuerst öffnete, konnte ich nur „ein undeutliches Bild wie in einem trüben Spiegel" (vgl. 1 Kor 13,12 HFA) sehen und keine Details oder Eigenschaften erkennen. Es gab keine echte Farbe, nur ein nebliges Grau. Ich wusste nicht, dass die beiden Gestalten, die ich sah, der Vater und Jesus waren. In dieser ersten Erfahrung hinter der Tür stand ich einfach vor ihnen und sprach mit ihnen.

Jedes Mal, wenn ich betete, fand ich mich an genau diesem Ort wieder. Eines Tages fühlte ich mich ein wenig entmutigt und fragte den Vater, ob er mich umarmen könne. Ich erwartete eigentlich gar nicht, dass irgendetwas passieren oder anders sein würde als der übliche trübe Zustand der Vision. Aber nun wurde plötzlich alles deutlicher, das Grau löste sich auf und meine „Augen“ konnten klarer sehen. Ich sah dann, dass Gott auf einem Thron saß und dass an der linken Seite des Thrones Stufen hinauf zum Vater führten.

Auf seinen Schoß

Als ich dies sah, rannte ich los, stieg die Stufen hinauf und setzte mich auf seinen Schoß. In der Vision hatte ich, im Vergleich zu Gott, dessen Größe einem Erwachsenen entsprach, die Größe einer Vierjährigen. Tatsächlich erschien ich in den ersten paar Jahren in all meinen Visionen als ein kleines Mädchen, obwohl ich mich verstandesmäßig in dem jetzigen erwachsenen Zustand befand. Ich versuchte, meine Arme um seinen Bauch zu schlingen, aber sie erreichten gerade mal seine Seite, so als würde man versuchen, sich mit einem Sicherheitsgurt anzuschnallen, der nur halb so lang ist, wie er sein sollte. Dann schloss er mich in seine Arme. Ich konnte seine Arme tatsächlich fühlen. Es war nicht nur die Empfindung, berührt zu werden, sondern ich spürte die Substanz und das Gewicht seiner Arme, die mich umgaben. Nie zuvor hatte ich solch einen Frieden und solch eine Liebe gespürt. Es war tatsächlich alles fühlbar.

In den anschließenden Visionen mit ihm fand ich mich auf seinem Schoß sitzend wieder: Ich hatte ihn lieb und er mich. Wie zufrieden war ich, dort zu sein, wohl wissend, dass nichts außer unserem Zusammensein zählte. Natürlich dachte ich, dass ich mir all dies nur vorstellte. Wer sitzt schließlich auf Gottes Schoß und spricht mit ihm? Aber das war mir völlig egal. Ich spürte körperlich seine Liebe und die tiefe Freude, die er daran hatte, mit mir zusammen zu sein. Wann auch immer ich traurig oder verstimmt über etwas war, musste ich nur mit ihm zusammen sein, um wieder die richtige Perspektive zu bekommen. Er war Gott. Er hatte die Antworten und ich vertraute ihm.

Ich konnte im Wort Gottes nichts finden, das besagte, dass das, was ich erlebte, falsch war. So wurden die Visionen immer realer für mich. Ich überlegte, ob ich mir diese Zeiten nur einbildete, aber die Erfahrungen ereigneten sich auf eine Art und Weise, in der ich mir nicht erahnen konnte, was als Nächstes passieren würde. Während dieser Erfahrungen überprüfte ich immer wieder mein Herz, und doch schien ich zu wissen, dass es nur richtig sein konnte. Es war der richtige Ort, um dort den Rest meines Lebens zu verbringen.

KAPITEL 9

Ins Licht laufen

Obwohl ich wusste, dass ich am richtigen Ort war, wurde ich irgendwann unruhig. Ich wusste, dass es mehr gab und dass der Thronsaal nur ein Anfang war. Es gab noch so viel mehr über Gott zu erkennen. Ich wollte sein Herz kennen. Moses begegnete Gott von Angesicht zu Angesicht und kannte seine Wege, nicht nur seine Taten (vgl. Ps 103,7). Also stellte ich mich eines Tages auf Gottes Schoß und legte meine Arme um seinen Hals. Mein Gesicht war neben dem seinen und mein Mund neben seinem Ohr. Ich flüsterte: „Mein Vater, ich möchte dich tiefer erleben." Dann drehte ich meinen Kopf und küsste seine Wange.

Diese Bitte, tiefer zu gehen, brachte ich etwa einen Monat lang vor. Es kam so weit, dass ich ihn anbettelte, mich tiefer hineinzunehmen, so wie ein Kind am Arm seines Papas zieht und sagt: „Darf ich, darf ich, darf ich, ja?" Einmal stand ich vor dem Thron, nahm die Hand Jesu, zog ihn zu mir her und sagte: „Vater, ich möchte tiefer mit dir gehen. Das ist mein Gebet, und Jesus, der für mich Fürsprache hält, ist mit meinen Worten einverstanden." Ich flehte Gott weiter an: „Ich weiß, meine Bitte ist in Ordnung, weil es dein Wille ist, dass wir dir nachgehen. Also Vater, Jesus und ich sind im Einvernehmen, dass dies geschieht."

Mein Vater antwortete mit einem einfachen „in Ordnung". *In Ordnung* – so als wäre es nicht der Rede wert und das erste Mal, dass ich diese besondere Bitte vorgebracht hätte.

Gott zeigte mir das Reich der Finsternis. Zwischen dem Reich der Finsternis und dem Königreich des Lichts war eine riesige Kluft. Es gab eine Brücke über den Abgrund, und ich wusste, was das bedeutete. Die Brücke war Jesus. Eine Menge Leute standen auf der Brücke. Sie standen für all diejenigen, die Jesus zwar als ihren Retter angenommen hatten, die aber von diesem Punkt aus nicht weitergegangen waren. Sie hatten das Königreich des Lichts nie wirklich betreten.

Gott zeigte mir, dass ich nicht auf der Brücke war. Ich war im Königreich des Lichts, stand aber unmittelbar neben der Brücke, direkt neben dem Abgrund. Weil ich so nah an dem Reich der Finsternis war, konnte der Feind mich mit Spuckekügelchen beschießen. Obwohl die Kügelchen mir nicht wirklich wehtaten, wenn sie auf meine Haut trafen, waren sie doch eklig, und ich war ständig damit beschäftigt, die schleimigen, klebrigen Dinger von mir zu entfernen (bei dem Gedanken daran schaudert es mich). Ab und zu wurde ein Stein auf mich geworfen, aber die Entfernung war groß und die Steine hatten nicht genug Schwung, um mir wirklich wehzutun. Und doch war es lästig, und manchmal hatten die Steine scharfe Kanten, die mich ritzten. Das verursachte nicht viel Schmerz, aber es war eine Plage.

Lauf!

Der Herr forderte mich auf, ins Königreich des Lichts zu rennen. Ich fing an, so schnell wie möglich zu rennen. Das Gelände war hügelig bzw. bestand aus kleinen Erdhügeln, und es war so hell, dass ich mir wünschte, ich hätte meine Sonnenbrille dabei. Der Boden war maisfarben und der Himmel hatte ein erstaunliches Himmelblau. Ich lief und lief, aber ich konnte nichts sehen. Schließlich blieb ich stehen und sah mich um. So weit ich sehen konnte, war maisfarbener Boden und strahlend blauer Himmel. Die Leere des Landes und die völlige Stille fühlten sich fremd an. Es schien surreal, so als würde man mitten in eine Landschaft von Salvador Dali laufen. Dann hörte ich ihn noch einmal sagen: „Lauf, lauf, lauf in das Reich des

Lichts hinein." Also rannte ich wieder los, noch weiter in Richtung des blaugelben Horizonts.

Ich rannte, bis ich auf den Thron meines Vaters stieß. Dort waren mein Vater, Jesus und der Heilige Geist, die alle tanzten. Der Heilige Geist wirbelte herum wie ein kleiner Wirbelsturm, der sich vor Freude dreht. Der Vater und Jesus tanzten eine Art ursprünglichen Tanz, der voller Leidenschaft und Freude war. Was für ein Bild!

Der Tanz des Vaters war nicht gerade würdevoll, sicherlich kein Walzer. Ich fragte mich: *Kann es wirklich sein, dass ich den Schöpfer des Universums in solch einem ausgelassenen Zustand sehe?* Ehrlich gesagt, war ich etwas peinlich berührt. Nach seinem Tanz saß mein Vater auf seinem Thron und rief mich zu sich, damit ich mich auf seinen Schoß setzte. Er bemerkte mein Unbehagen und fragte mich, was los sei. Leidenschaftslos sagte ich: „Ach, nichts." *Ach, nichts?* Das klang sehr nach einem „Sarah-Moment". Meine Antwort klang etwa genau so wenig überzeugend wie damals, als Sarah Gott gegenüber ihr Lachen leugnete, nachdem er ihr gesagt hatte, sie werde im Alter von 90 Jahren einen Sohn zur Welt bringen (vgl. 1 Mose 18,12-15). Er sagte mir, ich solle ihm sagen, was nicht stimme, und ich sagte, ich hätte seinen Tanz als ein wenig würdelos empfunden – schließlich sei er doch Gott. Oh, wie er lachte! Er warf seine Arme in die Höhe und rief überschwänglich: „Ich liebe es zu tanzen. Ich habe das Tanzen erfunden."

Sobald er das sagte, verstand ich vollkommen, dass alles in Ordnung war, weil er ja den Tanz geschaffen hatte und deshalb so tanzen darf, wie er möchte. *„Unser Gott ist im Himmel; alles, was ihm wohlgefällt, tut er"* (Ps 115,3). Ich erinnerte mich daran, wie David völlig ausgelassen und hingegeben vor der Bundeslade tanzte, weil er so glücklich war. War es das, was Gott tat? Zeigte der Vater dadurch seine Freude? Ich war so glücklich, dort zu sein, und er war so glücklich, dass auch ich da war. Oh, wie wir in unserer Freude tanzten!

Nach dieser Erfahrung wurde dieser maisfarbene Ort zu dem Ort, an dem ich meinen Vater traf. Aber mir war dennoch bewusst, dass es noch mehr gab. Ich war mir dessen gewisser als je zuvor. Kurz nachdem ich an dem maisfarbenen Ort angekommen war, kletterte ich deshalb wieder auf den Schoß meines Vaters, stellte mich aufrecht hin und flüsterte ihm ins Ohr: „Ich will dich tiefer kennen." Er sagte: „In Ordnung." Sofort nahm er mich an der einen und Jesus nahm mich an der anderen Hand und mit dem wirbelnden und tanzenden Heiligen Geist rannten wir gemeinsam tiefer in das Reich des Lichts hinein.

Kapitel 10

Der wunderschöne Garten

Nachdem wir eine Weile gelaufen waren, kamen wir zu einem Garten, der unglaublich schön war. Die Farben waren intensiv und unbeschreiblich, mit nichts auf dieser Erde vergleichbar. In diesem Garten gab es Pflanzen und Bäume, die ich noch nie zuvor gesehen hatte. Ich wusste, dass man sie in keinem irdischen Buch über Botanik finden würde. Ein Bach verlief durch diesen Garten. Hinter den Pflanzen und Bäumen befand sich eine Felswand, der ich zunächst nicht viel Aufmerksamkeit schenkte. Letztendlich wurde sie jedoch zu einer sehr bedeutenden Wand, da kein Bild im Reich Gottes bedeutungslos ist. Alles, was Sie dort sehen, hat Bedeutung, auch wenn Sie meinen, Sie würden es sich nur vorstellen. Deshalb ist es wichtig für Sie, zu wissen, dass Sie im Gebet zu einer Szene zurückkehren und Gott bitten können, Ihnen mehr über das zu zeigen, was Sie sehen. Ich nehme mir jedes Mal Zeit, den Garten zu erkunden, und Gott freut sich immer daran, mir mehr verborgene Dinge seines Reiches und die Dinge in meinem Herzen aufzudecken.

Der Heilige Geist kam und setzte sich an diesem schönen Ort zu uns. Zuvor war er die Energie in Person gewesen, war von hier nach da gegangen, hatte getanzt und war herumgewirbelt. Nun saß er mit uns im Garten. Seine Freude an dem, was vor sich ging, war ihm deutlich anzumerken.

Von diesem Punkt an fand ich mich jedes Mal, wenn ich zu beten anfing, in dem Garten wieder. Wieder fragte ich mich, ob ich mir all dies nur ausdachte. Also entschied ich mich, zu dem grauen Thronsaal und dem maisfarbenen Königreich des

Lichts zurückzukehren. Ich fand heraus, dass ich zwar zu diesen Orten zurückkehren, Gott dort aber nicht finden konnte. Nach diesem Experiment ging ich zurück in den Garten und sprach mit dem Vater über alles, was ich gesehen und erlebt hatte. Es ist ein Ort, an den ich oft gehe, um Jesus zu begegnen.

Gottes „Muttersprache"

Wenn Gott und ich reden, benutzen wir selten Worte. Unser Co-Pastor der Bethel-Gemeinde, Kris Vallotton, sagte der Versammlung in einer seiner Predigten einmal, Gottes „Muttersprache" sei weder Englisch noch Französisch noch Deutsch oder eine andere irdische Sprache. Damals dachte ich: *Ja, natürlich!* Aber Kris erwähnte nicht, was denn Gottes Sprache war. Das interessierte mich so sehr, dass ich anfing, darüber nachzudenken. Ich kam zu dem Schluss, dass Gottes Sprache ganz einfach Kommunikation ist. Er benutzt, was immer er benutzen möchte, damit Sie verstehen, was er sagt. Wenn ich mich mit Gott unterhalte, findet das von Geist zu Geist statt. Es werden keine englischen Wörter ausgetauscht, aber ich verstehe alles, was er zu mir sagt. Ich kann aber nicht immer hören, was er sagt. Manchmal lasse ich zu, dass zu viele Umstände dem in die Quere kommen. Und es ist nicht so, dass er immer alle Fragen beantwortet, die ich ihm stelle. Manchmal antwortet er nicht sofort. Aber er gibt mir immer zu verstehen, wie sehr er mich liebt und dass er immer für mich da ist. Alles, was ich tun muss, ist, mit meinen geistlichen Ohren zu hören.

Ich weiß noch, wie mir zum ersten Mal klar wurde, dass er immer spricht (er wird ja schließlich „das Wort" genannt). Als ich mit Gott im Garten sprach, gab er mir zuverstehen, ich solle nicht rückwärts gehen, weil ich mehr Abenteuer erleben und viele neue Dinge lernen würde, wenn ich vorwärts ginge. Ich würde aber erst dann weitergehen können, wenn ich gelernt hätte, was zu lernen war, und wenn er mich doch zurückführte, dann, um das fortzuführen, was ich an diesem Ort noch zu lernen hatte. Also blieb ich in dem farbenfrohen Garten.

Der Bach

Eines Tages, während ich im Garten war, ging ich zu dem Bach und tauchte meine Hand ins Wasser. Ich wusste, dass es flüssig war, weil ich die seidige Nässe an meinen Fingern spüren konnte, aber es sah fest und hart aus, als sei es aus Glas. Ich wurde sofort an Offenbarung 22,1 erinnert:

> *Und er zeigte mir einen Strom von Wasser des Lebens, glänzend wie Kristall, der hervorging aus dem Thron Gottes und des Lammes.*

Der Bach war nicht nur kristallklar; er sah tatsächlich aus wie flüssiges Glas.

Ich ging zu dem Bach hin, sprang hinein und tauchte unter. Nachdem ich ins Wasser gesprungen war, schien es eher ein Fluss als ein Bach zu sein. Als mich das Wasser umgab, konnte ich dessen Gewicht und Lebendigkeit spüren. Das Wasser begann schneller und schneller zu fließen und ich hatte das Gefühl, als würde ich von der Strömung mitgerissen werden. Es gab nichts, an dem ich mich hätte festhalten können, um zu verhindern, dass ich weggetrieben wurde.

Das Wasser rauschte über mich hinweg wie die Gischt eines reißenden Flusses. Als ich endlich aus dem Bach stieg, war meine Kleidung weiß, weiß, weiß – hellstes weiß! Das erinnerte mich an einen anderen Vers aus der Offenbarung:

> *Wer überwindet, der wird so mit weißen Kleidern bekleidet werden, und ich werde seinen Namen aus dem Buch des Lebens nicht auslöschen und seinen Namen bekennen vor meinem Vater und vor seinen Engeln* (Offb 3,5).

Eins

Während dieser Begegnungen im Garten fand ich mich Tag für Tag auf dem Schoß meines Vaters wieder. Manchmal, wenn ich mit dem Vater zusammensaß, schaute ich zu Jesus hin. Zu anderen Zeiten war ich mit Jesus zusammen und sah zum Vater hinüber. Ich fragte Jesus einmal, ob er traurig sei, wenn ich beim Vater wäre, und ob der Vater traurig sei, wenn ich bei ihm wäre. Das hört sich vielleicht nicht wie eine besonders reife Frage an, aber ich war nun einmal immer das kleine Mädchen, wenn ich bei ihm war. Er lächelte, als ich ihn dies fragte, und sagte: „Dreh dich um und sieh den Vater an.“ Ich drehte mich um, und da sah ich mich auf dem Schoß des Vaters sitzen! Wie konnte ich bei Jesus sein und zur gleichen Zeit bei meinem Vater sitzen? In Johannes 10,30 sagt Jesus: *„Ich und der Vater sind eins.“* Das ist eines der Geheimnisse, über die Paulus so oft im Epheserbrief schrieb. Ich hatte nicht mehr das Gefühl, ich würde einen dem anderen vorziehen – weil sie eins sind.

Kapitel 11

Von Festungen befreit

Ich erwähnte ja schon einmal die Felswand, die ich hinter den Pflanzen und Bäumen sah, als ich zum ersten Mal den schönen Garten betrat. Wenn ich auf die Wand schaute, kam mir immer wieder der Gedanke, dass ich sie wohl erklimmen musste, um Gott tiefer zu begegnen. Deshalb sah ich sie mir genauer an, lief an ihr entlang, schätzte sie ab und versuchte herauszufinden, wie ich sie hochklettern konnte.

Während ich noch über die Wand nachdachte, begann der Heilige Geist, mit mir über die Festungen in meinem Leben zu reden. Mit einer Festung bezeichnen wir eine bestimmte Überzeugung oder gewisse Ansichten, die wir nachdrücklich verteidigen oder aufrechterhalten. Natürlich wollte ich keine Festungen falscher Überzeugungen in meinem Leben haben, wenn sie mich davon abhielten, näher bei Gott zu sein, aber ich war mir nicht wirklich sicher, wie ich sie loswerden konnte. Ich wusste nicht einmal, welche Festungen es in meinem Leben gab. Etwa zur gleichen Zeit, als ich über die Wand rätselte, las ich das Buch *The Three Battlegrounds*[1] von Francis Frangipane. Raten Sie mal, mit welchem Thema sich ein bestimmter Teil des Buches beschäftigte? Richtig, Festungen! Das bestärkte mich darin, dass Gott in diesem Bereich meines Lebens am Wirken war.

Bevor ich mich endlich der Wand stellte, schaute ich zurück auf den Weg, den ich gekommen war, und sah den Bach, über den ich gesprungen war, um die Wand zu erreichen. Ich war

---

[1] Dt.: „Geistlicher Kampf auf drei Ebenen", Verlag G. Bernard, 1989.

nicht nur über ihn gesprungen, sondern hatte mich umgedreht und war noch einmal über ihn gesprungen und hatte mir planschend meinen Weg zurück auf die andere Seite des Baches gebahnt. Dabei wurde ich klatschnass. Ich wollte so viel und so oft wie möglich in dem Bach landen. Warum sollte ich über ihn hinwegspringen, wenn ich doch das Wasser über mich schwappen lassen und es länger mit mir herumtragen konnte? So stand ich da, triefend nass, und richtete den Blick auf meine „Festungs"-Wand. Und der Heilige Geist war bei mir.

Er zeigte mir „Haken" in der Wand und sagte mir, diese stellten meine Festungen dar und ich müsse sie herunterreißen. Er fing an, sie zu benennen, und während er das tat, wusste ich, dass er bei jedem einzelnen Punkt recht hatte. Ich kletterte auf einen Felsvorsprung und begann, gegen einen der Haken zu treten, aber er war ein steinharter „Griffhaken" und rührte sich nicht. Der Heilige Geist kam zu mir her und gab mir ein Schwert, das scharf und glänzend war. Ich wusste, dass dieses Schwert das Schwert des Geistes war, welches das Wort Gottes ist (vgl. Eph 6,17). Ich schwang das Schwert, das der Heilige Geist mir gegeben hatte, und begann einen Großangriff auf die Festungen. Ich benannte sie bei den Namen, die er mir sagte, und benutze das Wort Gottes, um sie abzuhauen. Zum Beispiel erklärte ich: „Gott hat mir keinen Geist der Furcht gegeben ..." (vgl. 2 Tim 1,7), da eine meiner Festungen Angst war.

Die Haken ließen sich mit Hilfe des Schwertes viel leichter lösen. Ich attackierte sie, während ich sie bekannte, und als ich sie bekannte, vergab mir Gott und reinigte mich von aller Ungerechtigkeit. Als ich fertig war, ging ich zum Bach hinüber, trank aus ihm und fing an, mich zu waschen. Ich musste lachen, und plötzlich schien mir das, was ich getan hatte, wirklich zum Schreien lustig. Ich kugelte mich am Rande des Ufers und lachte, trank und spritzte das Wasser auf mich. Gott der Vater, Jesus und der Heilige Geist lachten mit mir. Seine Herrlichkeit war in dem Bach. Seine Herrlichkeit war wunderbar.

Baum des Lebens

Ich bemerkte, dass ein bestimmter Baum im Garten größer war als alle anderen, und ich wusste, dass dieser Baum eine wichtige Rolle im Garten spielte. Ich fragte meinen Vater, was es mit diesem Baum auf sich hatte, und er sagte, es sei der Baum des Lebens. *Oh*, dachte ich, *der im Garten Eden*. Als ich hochblickte und mir die Zweige des Baumes des Lebens anschaute, sah ich Früchte an ihnen. Ich kletterte den Baum hoch und der Heilige Geist kam mit mir. Wie lustig! Er saß auf dem einen und ich auf dem anderen Ast. „Iss die Frucht", sagte er. Ich wusste nicht genau, was dies alles bedeutete, aber ich aß trotzdem. Die Frucht sah Marshmallows sehr ähnlich und fühlte sich wie eine Feige ohne Kerne an. Ich konnte davon essen und essen und wurde nicht satt. Wenn dies tatsächlich der Baum des Lebens war, dann war es auch der Baum der Wahrheit. Wie könnte man auch jemals von der Wahrheit satt werden? Niemals, sage ich, niemals! Also aß ich weiter.

Während dieser Vision vom Baum stieg ich mehrmals aus dem Baum nach unten, um mich mit dem Vater, Jesus und dem Heiligen Geist zu treffen. Jedes Mal sagten sie mir, ich solle noch mehr von den Früchten, die dort wuchsen, essen. Sie sagten sogar, ich solle essen, bis alle Früchte verzehrt waren. Einmal kletterte ich auf den Baum und der Heilige Geist begleitete mich, um mir zu helfen, die Früchte zu pflücken. Ich beugte mich zu ihm hin und sagte: „Danke", und küsste seine Wange. Ich kicherte und er fing an zu lachen. Es war der allerschönste Klang, den man sich vorstellen kann, und es machte mich so froh, dort zu sein und ihn zu kennen. Nachdem ich die Früchte gepflückt hatte, ging ich dahin, wo Jesus saß, und setzte mich neben ihn, um sie zu essen. Ich lehnte mich mit meinem Rücken gegen ihn und er legte seinen Arm um mich. Seufz. Ich kann wirklich nicht beschreiben, wie wunderbar es sich anfühlte, dort zu sein. Wundervoll, voller Wunder! *Wunder* bedeutet „außergewöhnliches, den Naturgesetzen oder aller Erfahrung widersprechendes und deshalb der unmittelbaren

Einwirkung einer göttlichen Macht oder übernatürlichen Kräften zugeschriebenes Geschehen, Ereignis, das Staunen erregt"[2]. Ein Wunder war zweifellos, was ich in diesem Moment fühlte.

Als ich das nächste Mal mit dem Vater und Jesus sprach, fragte ich nach dem Baum und was er bedeutete. Ich wollte vor allem auch wissen, weshalb es so wichtig war, dass ich alle Früchte aß. Sie sagten mir: „Iss sie einfach." Deshalb aß ich mehr, obwohl ich es nicht verstand. Als ich alle Früchte gegessen hatte und der Baum leer war, wuchsen sofort neue Früchte an dem Baum.

Die Doppeltür

Ein paar Tage später, während ich wieder im Garten war und mehr Früchte sammelte, sah ich eine Doppeltür. Als ich mich danach erkundigte, was es mit der Tür auf sich hatte, wurde mir gesagt, es handele sich um die Tür zur Stadt Gottes. Als ich das hörte, spürte ich sofort, dass ich nicht an diesen Ort gehen wollte. Allein, dass ich dieses Gefühl hatte, war wirklich seltsam, da ich bisher bereit gewesen war, überall hinzugehen und alles zu tun. Wenn ich wirklich glaubte, dass dies von Gott war, dann wäre ich doch sicher gern gegangen, oder etwa nicht? Ich verspürte große Unruhe und Beklemmung. Bevor ich durch diese Tür gehen konnte, musste ich zu meinem Vater gehen.

Als die Tür ein Unbehagen in mir auslöste, fragte ich mich wiederum, ob ich mir all dies nur einbildete. Ich wusste, dass meine Liebe zu meinem Vater, Jesus und dem Heiligen Geist täglich wuchs. Ich wünschte mir, mehr Zeit mit ihnen zu verbringen, sie anzubeten und mehr von ihrer erstaunlichen Liebe zu kosten. Mein Wunsch war es, dem Bild Christi gleichgestaltet zu werden, Jesu Licht in mir leuchten zu lassen, den Willen

[2] DUDEN – Das große Wörterbuch der deutschen Sprache, 4. Aufl. Mannheim 2012 [CD-ROM].

meines Vaters zu tun und dem Heiligen Geist zu folgen. Weshalb verspürte ich also so viel Unbehagen und Zweifel über meine Visionen?

Der Vater rief mich zu sich und fragte mich, was los war. Also erzählte ich ihm, dass ich bezweifelte, dass dies alles Wirklichkeit war. Ich saß, meinen Kopf auf meine Hände stützend, da und dachte nach. Er fragte mich wieder, was nicht stimme. Ich sagte ihm, ich hätte große Angst, er würde etwas Schlimmes mit mir anstellen oder dass ich einer Täuschung zum Opfer fallen könnte, die mich erdrücken und irgendwie demütigten würde. Er erzählte mir, dieses Denken sei eine Festung des *Misstrauens* und ich müsse zur Wand gehen und sie wie die anderen Festungen, die der Heilige Geist mir gezeigt hatte, abschlagen.

Ich ging zu der Wand hinüber und hob das Schwert des Geistes auf. Sehr schwach und halbherzig begann ich, auf den Haken des Misstrauens einzuschlagen. Dieser Haken war größer als die anderen, mit denen die ich mich bereits auseinandergesetzt hatte, und meine kläglichen Schlagversuche bewirkten gar nichts. Der Vater rief mich zu sich und ich ging zu ihm zurück. Er gab mir ein Zeichen, dass ich mich auf seinen Schoß setzen sollte, und fragte mich, warum ich mich so schlecht fühlte. Ich erzählte ihm, dass ich glaubte, niemals die Erwartungen erfüllen zu können. Irgendwann würde ich einen großen Patzer machen und dann wäre er böse auf mich und täte etwas, um mich zu bestrafen.

Plötzlich spürte ich, dass seine Liebe mich durchströmte wie ein süßer, warmer Fluss. Ich fühlte die Liebe Jesu und dachte an sein unglaubliches Opfer für mich. Der Heilige Geist kam näher und ich spürte sein liebevolles Mitgefühl für meine Schwäche. Diese Angst, die mein Misstrauen hervorrief, war eine solche Lüge! Gottes Liebe ist viel größer als die Lügen. Wie konnte ich es wagen, einer solchen Lüge zu glauben, dass mein Vater, mein Jesus und mein Heiliger Geist jemals auch nur den Gedanken daran hätten, mir etwas Böses anzutun? Schließlich dachte ich: *Selbst wenn ich mir all dies nur einbilde, was soll's? Jetzt liebe ich Gott mehr. Wie könnte das falsch sein?*

Inzwischen war ich über meine Lüge verärgert. Ich ging zur Wand und nahm mein Schwert. Ich hieb Schlag für Schlag auf sie ein und zerstörte sie schließlich, als handele es sich bei ihr um warmes Wachs. Dann ging ich zu Jesus, küsste ihn und sagte ihm, wie dankbar ich für ihn war. Wie wunderbar und geduldig er doch mit mir umging!

Nach diesen sehr emotionalen Ereignissen forderten die drei mich auf, wieder von der Frucht des Baumes zu essen. Ich lernte, stets von dem Baum des Lebens zu essen. Ich musste alle Früchte des Baumes essen, weil ich dadurch die Wahrheit erkennen konnte. Wenn ich heute einer Lüge glaube, dann frage ich mich: *Von welchem Baum esse ich gerade?* Damit hat es sich in der Regel erledigt. Römer 12,2 spricht von der Bedeutung der Erneuerung unseres Sinnes. Wir brauchen einen erneuerten Sinn, damit wir nicht nur die Wahrheit erkennen, sondern tatsächlich aus dieser Wahrheit heraus *leben*.

Überwundene Festungen

Diese letzten Visionen erfolgten in einem Zeitraum von drei Tagen. Am Freitag schlug ich die Festungen nieder, am Samstag aß ich alle Früchte und am Sonntag begann ich wieder die Festungen zu bekämpfen. Dann, am Sonntagabend, wurde ich mir der größten Festung von allen bewusst: Misstrauen! Ich verbrachte den ganzen Sonntagmorgen damit, die Festungen zu bekämpfen, die ich bereits niedergerissen hatte. Können Sie sich das vorstellen? Wenn ich doch bereits alle Festungen zerschmettert hatte, warum waren sie dann wieder zurückgekehrt? Ich verstand das Wesen der geistlichen Kampfführung einfach noch nicht. Also beschloss ich, mich bei dem Vater darüber zu erkundigen. Er sagte mir, die Festungen seien zwar nicht mehr vorhanden, doch müsse ich immer wachsam sein, um sicherzustellen, dass ich ihnen keinen Raum gäbe zurückzukehren. Der Feind, erklärte er mir, würde immer wieder versuchen, sein verlorenes Gebiet zurückzugewinnen, und wolle mich davon überzeugen, die Festungen seien noch da und der Heilige Geist habe mir eigentlich nichts gezeigt. Er wolle mich glauben lassen, das, was ich gesehen hätte, entspräche nicht der Wirklichkeit, sondern wäre irgendwie meiner Fantasie entsprungen. Ich bekämpfte diese Lügen mit dem Wort, meinem Schwert. Jesus hatte mich befreit, und deshalb war ich wahrhaftig frei.

Drei weitere Tage kämpfte ich innerlich: Sonntag bis Dienstag. Dienstagabend in einem Gebetsgottesdienst fand ich es schwierig, in den Lobpreis einzustimmen. Ich lag mit meinem Gesicht auf dem Boden und redete mit Gott über die Doppeltüren, meinen Kampf und darüber, was ich tun sollte. Am Ende der Lobpreiszeit kamen Gott, mein Vater, Jesus, meine Liebe, und der Heilige Geist zu mir, umringten mich und sagten einstimmig: „Ich liebe dich." Als sich die ganze Gemeinde für eine gemeinsame Gebetszeit versammelte, überkam mich ein Lachen. Ich weiß, dass Menschen diese Art von Lachen kritisiert haben, aber nur deshalb, weil sie es nie wirklich selbst erlebt haben. Ich weiß nicht, wie lange ich gelacht habe, aber mir tat mein Bauch weh, als es vorbei war. Nie zuvor hatte ich so sehr gelacht. Und als ich mit dem Lachen fertig war, war der Kampf vorbei. Ich weiß nicht, wie das funktioniert. Inwiefern kann Lachen geistliche Kampfführung sein? Ich weiß es nicht, aber eines weiß ich: Ich habe gesiegt! Ich war bereit, durch die Doppeltüren in Gottes Stadt einzutreten. Ich wollte gehen und wartete gespannt darauf, was als Nächstes geschehen würde.

Dieser Sieg durch mein Lachen bestätigte eine Veränderung, die sich bereits in meinem Herzen vollzogen hatte: Durch diese Visionen und Erfahrungen wurde mir bewusst, dass man mit dem Heiligen Geist sehr viel Spaß haben kann. Er ist wie ein Kind, dem es Vergnügen bereitet, uns zu helfen und uns körperlich und emotional zu heilen. Als er über der Erde schwebte, um Leben hervorzubringen (vgl. 1 Mose 1,2), machte ihm das Spaß. Er freut sich über jeden Sieg, den wir erringen, und er ist Teil von jedem dieser Siege! Er ist begeistert über das, was Gott tut und tun wird. Er ist frei, er selbst zu sein. Er sehnt sich danach, dass wir in das Bild Jesu hineinwachsen, und möchte uns helfen, wie Christus zu sein. Er freute sich am Leben Jesu hier auf Erden und er freut sich darüber, dass Jesu Braut bald zu ihm nach Hause kommen wird. Er ist der allerbeste Einfluss auf uns. Der Heilige Geist feuert uns an! Er ist wahre Freude. Er bringt uns zum Lachen. Es macht Spaß mit ihm!

Kapitel 12

Die Stadt Gottes

Jesus kam zu mir und fragte mich, ob ich nun bereit sei, in die Stadt Gottes zu gehen. Ohne zu zögern sagte ich Ja. Aber als ich mich den Doppeltüren näherte, zögerte ich doch etwas, sie zu öffnen. Ich fühlte mich, als stünde ich kurz vor dem Sprung vom Sprungturm. Sie kennen das Gefühl: Man will den Sprung ins Wasser wagen, hat aber ein wenig Sorge, ob man auch wieder heil auftauchen wird. Schließlich war ich so weit, atmete tief durch und stieß die Tür auf.

Der Wind der Heiligkeit

Alles war hell, klar und weiß. Überall spürte ich Gottes Heiligkeit. Sie fegte über mich hinweg wie ein plötzlich aufkommender Wind. Ich spürte, wie meine Kleidung von dem Wind der Heiligkeit gegen meinen kleinen Körper gepresst wurde. Ich hielt den Atem an – und ließ sogleich meinen Kopf sinken. Ich gehörte nicht hierher. Dieser Ort war zu heilig. Jesus winkte mir beständig zu und sagte: „Komm rein, komm rein."

Ich hingegen sagte immer wieder zu ihm: „Nein, ich kann nicht."

Er sagte: „Doch, du kannst."

Ich bewegte mich jedoch nicht von der Stelle. Er kam zu mir her, nahm meinen Arm und zog mich sanft hinein. Ich hielt meinen Kopf gesenkt und sagte ihm abermals, dass ich nicht hierher gehörte.

Es war, als würde Jesus meine Einsprüche gar nicht hören. Er fragte mich, ob ich mit Gott tiefer gehen wolle. Ich konnte diese Bitte nicht aussprechen, aber Jesus sagte mir, ich solle zum Vater gehen und ihn bitten, tiefer mit mir zu gehen. Während mein Kopf immer noch gesenkt war, schaute ich auf Jesu Gewand und wurde von dem Weiß regelrecht geblendet. Er forderte mich auf, auf meine eigene Kleidung zu schauen – da bemerkte ich, dass mein Gewand genau wie seines aussah. Dennoch fühlte ich mich so unwürdig und wusste, dass diese wunderbare Vision bald enden musste, weil er einfach zu heilig war, als dass ich mich ihm hätte nähern können.

Jesus bedrängte mich erneut, meinen Vater zu bitten, mit ihm tiefer gehen zu dürfen. Ich schüttelte den Kopf. Nein, ich konnte nicht. Dann drehte er mich in Richtung des Thrones (der die Stufen an der Seite hatte) und schob mich sanft zum Fuß der Treppe hin. Daraufhin rief mir der Vater zu, ich solle zu ihm kommen und mich auf seinen Schoß setzen. Sehr langsam und mit viel Zittern ging ich auf seine Bitte ein. Vornübergebeugt saß ich auf seinem Schoß – wie ein Kind, das etwas falsch gemacht hatte. Er fragte mich, was los sei. Ich sagte ihm, ich sei nicht gut genug, um hier zu sein, und schämte mich, weil ich die Erwartungen nicht erfüllen könne.

Der Sieg über den Unglauben

Der Vater rief Jesus herbei, der sich vor mich hinstellte. Dann forderte er Jesus auf, seine Hände zu mir her zu strecken. Als er das tat, konnte ich die Nägelmale in seinen Händen sehen. Der Vater machte mir klar, wenn ich glaubte, ich gehörte nicht mit ihm dorthin, würde ich damit sagen, dass das, was sein Sohn am Kreuz getan habe, umsonst gewesen sei. Sein ganzer Schmerz und sein ganzes Leiden wären dann umsonst gewesen. Glaubte ich, dass Jesus umsonst gelebt und gelitten hat und vergeblich gestorben ist? Ich war sofort entsetzt. Niemals! Nie würde ich für ungültig erklären, was Jesus für mich getan hatte Mir wurde bewusst, dass Jesus mich durch seinen Tod an den Ort der Gemeinschaft mit Gott geführt hat. Jesus hat mich gut genug gemacht.

Ich sprang vom Schoß meines Vaters herab und rannte durch die Doppeltür zurück zur Wand. Dann nahm ich mein Schwert und schlug auf die Festung des Unglaubens ein – mein Unglaube über das, was Jesu Leben und Tod mir gebracht und mir geschenkt hatten. Ich lief in die Stadt zurück und kletterte mutig auf den Schoß meines Vaters. Dieses Mal schlang ich meine Arme um ihn. Dann sprang ich hinunter und lief zu Jesus, der sich zu mir herabbeugte. Ich umarmte ihn, küsste ihn auf die Wange und sagte ihm, ich wüsste, dass er das Werk vollendet habe, das der Vater ihm aufgetragen hatte. Ich war würdig aufgrund dessen, was er getan hatte. Wie sehr ich ihn dafür liebte!

Ein wenig später, während ich mit dem Vater zusammensaß, fragte er mich, ob ich bereit sei, mehr zu verstehen. Er sagte, es gebe viele Dinge, die ich noch zu lernen hätte. Da sah ich, dass sich hinter dem Thron Sockel befanden, auf denen Gegenstände lagen. Jeder Gegenstand repräsentierte eine Lektion, die er mich lehren wollte. Ich dachte, er würde mich herumführen, doch stattdessen rief er den Heiligen Geist zu sich und bat ihn, mich zum ersten Gegenstand zu führen. Der Heilige Geist schien mir sehr glücklich und erfreut zu sein, mich leiten zu dürfen. Es war ihm ein Vergnügen, mit mir zusammen zu sein.

Kapitel 13

Gegenstandslektion des Erinnerns

Jeder dieser Sockel hier schien aus weißem Marmor mit goldenen Äderungen gemacht zu sein. Als ich meine Hand auf einen der Sockel legte, fühlte er sich schön glatt an, war jedoch nicht kalt. Alle Sockel dieser seltsamen Galerie hatten etwa die gleiche Höhe und Breite.

Der Heilige Geist führte mich zum ersten Sockel und bat mich, den ovalen Gegenstand, der darauf lag, in die Hand zu nehmen. Dieser hatte einen Durchmesser von etwa 30 cm und wog etwa 500 Gramm. Als ich diesen Gegenstand hielt, sagte der Heilige Geist: „Erinnere dich daran, wie du an diesen Ort gekommen bist, damit du andere hierherführen kannst."

Ich erinnerte mich daran, dass ich auf der Brücke, am Rande des Königreichs des Lichts, begonnen hatte und in das Licht gerannt war. Mir wurde bewusst, dass meine Entscheidung, tiefer in das Reich einzudringen, der Grund war, weshalb der Vater, Jesus und der Heilige Geist so glücklich waren und tanzten, als ich den Thron an dem maisfarbigen Ort erreichte. Ich hatte die *beste* Wahl getroffen: Ich hatte mich für Gott entschieden und das Reich der Finsternis hinter mir gelassen. Damals hatte ich alles aufgegeben. Doch als ich mich daran erinnerte, geschah etwas in meinem Geist, weil ich nun besser verstand, was meine Wahl bedeutete: Ich hatte mich für Gott entschieden! Und ich hatte das nicht aufgrund seines Segens, sondern aufgrund meiner Liebe zu ihm getan. Ich wusste, dass diese Wahl nicht nur Segen, sondern auch Schwierigkeiten mit sich brachte. Aber das Wissen darum spielte für mich überhaupt keine Rolle, da mein Wunsch, ihn mehr zu kennen, so viel stärker und klarer war.

Die Dinge, die ich sah, waren seltsam. Es war deshalb wichtig, darauf zu vertrauen, dass Gott mich auf diesem neuesten Pfad des „Tiefergehens" leitete. Weil ich überzeugt war, dass Gott dabei war, wusste ich eines: Wenn ich weiterhin diese Reisen unternehmen würde, würde ich viel lernen – das traf bereits zu. Ich wusste, dass Angst nicht von Gott kam. Trotzdem hatte ich so viel Angst davor, getäuscht zu werden. Zugleich war ich überzeugt, dass mein Gott fähig war, mich von jeglicher Täuschung fernzuhalten, solange mein Herz für ihn schlug. In Judas 1,24 heißt es:

Dem, der die Macht hat, euch vor jedem Fehltritt zu bewahren, sodass ihr untadelig und voller Freude und Jubel vor seinen Thron treten könnt.

Erinnerungen wachrufen

Dann erinnerte ich mich daran, dass meine Besuche an dem maisfarbenen Ort etwa zwei Wochen gedauert hatten, bevor ich darum gebeten hatte, weiterzugehen. Als Nächstes war ich in den farbenfrohen Garten gelangt. Als mir der Garten in den Sinn kam, begutachtete ich ihn noch einmal. Dabei fragte mich der Heilige Geist:

„Was siehst du?"

Ich sah den Bach, die Festungswand, den Baum des Lebens und den leeren Thron (Gott befand sich in der Stadt). Ich sah nichts, was mir irgendwie auffiel oder mein Interesse weckte. Also fragte ich ihn: „Was? Was sehe ich nicht?"

Er fragte noch einmal: „Was siehst du?"

Als ich zu der Wand hinging und noch einmal nachschaute, bemerkte ich, dass ich gar nicht mehr erkennen konnte, wo die Festungshaken gewesen waren. Es war, als seien sie nie da gewesen. Doch ich wusste, dass sie es waren, weil ich sie selber abgeschlagen hatte. Ich schaute auf den glasklaren

Bach, aber er floss lediglich sanft vor sich hin. Plötzlich fragte ich mich, woher das Wasser kam. Also folgte ich dem Bach. Das Wasser kam vom Thron Gottes in der Stadt. War es das, was ich sehen sollte? Ich kletterte noch einmal auf den Baum des Lebens, aber auch da gab es keine Veränderungen. Nichts war fehl am Platz.

„Was ist es, Heiliger Geist? Was soll ich sehen?"

„Du sollst sehen, was hier passiert ist", war seine Antwort.

Die Visionen liefen abermals vor meinem inneren Auge ab, als hätte ich auf Wiederholung gedrückt. Ich erinnerte mich, wie ich mit Hilfe des Heiligen Geistes die Festungen der Angst, des Misstrauens und Unglaubens niedergeschlagen hatte. Es gab auch noch andere Festungen, die ich zerschlagen hatte. Ich erinnerte mich daran, wie ich in dem Bach gelegen hatte und gereinigt, freigesetzt und geheilt worden war. Ich war durch meinen Vater so ermutigt worden und der Heilige Geist war so real für mich geworden. Alles, was ich im Garten getan hatte, hatte mir geholfen, mir meiner völligen Abhängigkeit von Gott bewusst zu werden. Ich selbst wäre nicht in der Lage gewesen, Festungen in meinem Leben zu erkennen, geschweige denn auch nur eine von ihnen zu beseitigen. Ohne Gottes Liebe und Geduld hätte ich die Wahrheit nicht erkannt. Ich war wahrlich vom Vater, von Jesus und vom Heiligen Geist abhängig geworden. In ihnen habe ich alles, was ich brauche, da sie mein Trost und meine Zuflucht sind.

Diese Reise, auf der ich mehr erkannte und verstand, während ich auf meine Erfahrungen zurückschaute, setze sich fort. Ich erinnerte mich, wie ich endlich bereit gewesen war, in die Stadt zu gehen. Dies war ein schwerer Schritt für mich gewesen, weil ich ein überwältigendes Gefühl von Unwürdigkeit verspürte hatte. Mein Herz hatte geschmerzt, weil ich das Gefühl gehabt hatte, am Ende meiner wunderbaren Reise zu sein. Doch was hatte ich gelernt? Ich *wusste* jetzt ohne den geringsten Zweifel, dass mein wunderbarer Jesus den Preis für mich bezahlt hatte. Der Preis, den mein Jesus bezahlt hatte, deckte ***alles*** ab. Es gab nichts, was er nicht für mich erkauft hatte. Ich befinde mich unter seinen Fittichen, ich bin erwählt und ich bin sein! In den Augen meines himmlischen Vater bin Jesu Gerechtigkeit, Jesu Würde und Jesu Abbild geworden. Es gibt keinen Platz für Scham, weil es keine Scham mehr gibt. Ich kann mutig zu meinem Vater kommen, weil ich wie Jesus geworden bin und noch werde.

Die Lektion verspeisen

Nachdem ich mich auf Anweisung des Heiligen Geistes daran erinnert hatte, *wie* ich an diesen Ort gelangt war, fand ich mich wieder mit ihm in der Stadt vor. Noch immer hielt ich das Objekt in der Hand, und der Heilige Geist forderte mich auf, das Objekt zu verspeisen. Als ich davon aß, stellte ich fest, dass es köstlich war, süß und knusprig. Nach etwa drei Bissen verwandelte es sich in eine dickflüssige, honigartige Flüssigkeit. Ich verzehrte sie so schnell ich konnte, weil ich nicht wollte, dass auch nur ein bisschen davon auf den Boden fiel. Nachdem alles weg war, leckte ich meine Finger und meine Lippen ab.

Ich merkte dann, dass ich ziemlich klebrig war, und fragte den Heiligen Geist, ob diese Klebrigkeit verschwinden würde oder ob ich mich waschen sollte. Er forderte mich auf, mich in dem Fluss zu waschen, der dem Thron Gottes entsprang. Ich ging also zu dem Fluss hin und blieb dort stehen. Als ich zu meinem Vater und Jesus hinaufschaute, fingen sie an, über die klebrigen Überreste auf meinem Gesicht und meinen Händen zu lachen. Ich dachte, dass ich wahrscheinlich wie ein Kind aussah, das sich an der Keksdose vergangen und nun Schokolade über das ganze Gesicht verteilt hatte. In Wirklichkeit waren sie begeistert, weil sozusagen die *Lektion* über mein gesamtes Gesicht verteilt war. Ich hatte tatsächlich die gesamte *Lektion* verspeist und hatte sogar die letzten Reste von meinen Händen und meinem Gesicht abgeleckt. Das freute den Vater und Jesus so sehr, dass sie in freudiges Gelächter ausbrachen.

KAPITEL 14

Mehr Gegenstandslektionen

Gleich danach saß ich mit meinem Vater zusammen. Dabei fragte er mich, ob ich für eine weitere „Gegenstandslektion“ bereit sei. Ich fragte mich, ob ich vielleicht zu schnell vorwärtsging. Jedes Mal, wenn ich davor etwas gelernt hatte, war darauf eine ausgedehnte Zeit gefolgt, in der ich das Gelernte praktisch erleben sollte. Gott sagte mir, der erste Gegenstand würde nun überall mit mir sein, weil ich ihn gegessen – verzehrt – hatte. Ich erkannte daraus, dass die Zeit knapp ist und er heute etwas Neues in seinen Kindern tun möchte. Manche Dinge tut er jetzt in wenigen Augenblicken. Allerdings ist es wichtig, dass wir das nicht missverstehen. Wir müssen uns bewusst machen, dass wir Verantwortung für das übernehmen müssen, was er uns zeigt, und dass einige Dinge noch Zeit brauchen.

Schutz

Damit war ich bereit für die nächste Lektion. Der Heilige Geist führte mich zu einem weiteren dieser Sockel, auf dem ein Gegenstand lag, der etwa so groß wie ein Golfball war. Ich nahm ihn und hielt ihn voller Erwartung in der Hand. Ich stand da, aber nichts passierte. Ich fragte den Heiligen Geist, um was es sich bei dem Gegenstand handelte. Sobald ich diese Worte ausgesprochen hatte, begann sich der in meinen Händen liegende Gegenstand auszudehnen. Es war ein seltsames Gefühl, so, als sei er lebendig. Der Gegenstand wurde immer größer und bedeckte mich schließlich wie ein transparenter Kokon.

Als ich noch einmal fragte, was es sei, wurde mir gesagt, es sei *Schutz*. Ich fragte mich, wie ich ihn anziehen sollte. Sollte ich ihn vielleicht wie eine Rüstung anlegen? Dann sagte er unverzüglich: „Du hast ihn bereits an“, und er wies mich an, ihn niemals auszuziehen. Dieser Gegenstand war dazu da, mich daran zu erinnern, dass ich jedes Mal, wenn ich von einem feurigen Pfeil des Feindes getroffen wurde – egal, ob es sich um eine Anschuldigung, um Angst oder eine Lüge handelte –, sofort, sofort, sofort zum Thronsaal laufen und mit Gott darüber reden sollte. Ich sollte meinen Schutzmantel niemals ausziehen. Niemals sollte ich überhaupt nur daran denken, einen Pfeil auf eigene Faust abwehren zu können. Es ist unabdingbar, dass ich abhängig von meinem Vater, Jesus und dem Heiligen Geist bleibe, dass sie mir die Wahrheit sagen.

Die Blütenblätter

Auf dem nächsten Sockel lag ein runder glatter Gegenstand, der etwa die Größe einer Bowlingkugel hatte. In meinen Händen fühlte er sich außerordentlich gut an, fast wie ein längst vergessenes Lieblingsspielzeug aus meiner Kindheit. Der Heilige Geist forderte mich auf, ihn nah an mich gedrückt zu halten. Also hielt ich ihn so nah an mich gedrückt, wie ich nur konnte. Dann kam Jesus und schob ihn in meinen Brustkorb hinein. Er glitt so geschmeidig hinein, wie warme geschmolzene Schokolade die Kehle hinunterfließt. Ich schaute nach unten und konnte den Gegenstand dort in mir drin erkennen. Erstaunlicherweise fing er an zu blühen. Er wurde zu einer Rose, die Blütenblatt für Blütenblatt ihre Herrlichkeit entfaltete, wie man es in einem Zeitrafferfilm beobachten kann. Nachdem die Rose geblüht hatte, griff Jesus in mich hinein, nahm ein Blütenblatt, legte es auf eine Marmorstufe und zertrat es mit seinen Füßen. Ich war ein wenig überrascht, als er das tat, hatte aber das Gefühl, dass alles, was er tat, von Bedeutung war und er mich den Grund früh genug wissen lassen würde. Ich beugte mich hinab und sammelte die kleinen zertretenen

Stücke des Blütenblatts auf. Als ich aufstand, fiel mir auf, dass ich nun einen langen weißen Mantel trug, der überall kleine Taschen hatte. Ich legte das zertretene Blütenblatt in eine der Taschen.

Danach griff Jesus noch einmal in mich hinein, nahm ein weiteres Blütenblatt, legte es auf die Stufe und zertrat es. Wieder beugte ich mich nach unten, sammelte die Stückchen auf und legte sie in eine der vielen wunderbaren Taschen meines Mantels. Jesus fuhr damit fort, bis alle Blütenblätter verschwunden und all meine Taschen voll waren. Er erklärte mir, die Blütenblätter würden seine Liebe repräsentieren. Mir kam der Vers in Jesaja 53,5 in den Sinn: *„Doch er war durchbohrt um unserer Vergehen willen, zerschlagen um unserer Sünden willen …"* Dann erinnerte ich mich daran, dass der Duft einer Blume viel stärker freigesetzt wird, wenn man ihre Blätter zerdrückt. Wie oft habe ich bei einem Spaziergang ein Blatt von einem Busch gepflückt und es zwischen meinen Fingern zerrieben, um das Aroma freizusetzen und es an meinen Fingern zu riechen, bis ich meine Hände wusch. Wissen Sie, Gott hat uns immer geliebt. Immer! Doch als Jesus zerschlagen (zermalmt) wurde und für unsere Sünden gestorben ist, wurde seine Liebe noch viel mehr freigesetzt.

Jesus erzählte mir dann, was passieren würde, wenn ich diesen Mantel in der Öffentlichkeit tragen würde: Wenn ich vor mich hin schlenderte und jemand an mir vorbeiginge, würde diese Person plötzlich anhalten, sich umdrehen und zu mir zurückkommen und sagen: „Entschuldigen Sie, aber Sie haben einen wunderbarer Duft auf sich. Könnten Sie mir vielleicht sagen, wie er heißt und wo ich ihn kaufen kann?" Jesus sagte mir, ich könne der Person dann sagen: „Ja, es ist wirklich ein wunderbarer Duft. Es ist der Duft der Liebe Gottes. Und ich kann Ihnen sagen, wo Sie ihn bekommen können, aber Sie müssen kein Geld dafür bezahlen. Wissen Sie, der Preis wurde bereits bezahlt."

Ich schaute auf die Stelle hinab, wo Jesus die Rosenblätter von der Rose in mir genommen hatte. Ich dachte, dass dort, wo die Rose gewesen war, nun vielleicht ein hohles Loch oder ein kahler Stiel sein würde. Stattdessen befand sich eine Perle inmitten all dieser Rosenblüten der Liebe. Die Perle hatte eine prächtig glatte Oberfläche und eine milchige Farbe. Ich wusste, dass es sich bei dieser Perle um die kostbare Perle handelte (vgl. Mt 13,46).

Der Mantel mit dem Duft der Liebe Gottes hatte weder Knöpfe, noch Schnüre noch einen Reißverschluss, um ihn zu verschließen. Jesus zeigte mir, dass ich im geschäftigen Alltag meinen Mantel leicht herunterrutschen lassen könnte. Er sagte, ich müsse darauf achten, den Mantel immer anzulassen, damit die Leute dem wohlriechenden Duft der Liebe ausgesetzt werden könnten. Ich nahm mir seine Anweisung zu Herzen, fragte mich aber zugleich, was passieren würde, wenn ich ihn aus irgendeinem Grund herunterrutschen ließ. Jesus ist so unglaublich wunderbar zu mir. Er zeigte mir, was in diesem Fall geschehen würde: Der Heilige Geist würde kommen, den Mantel aufheben, mir folgen und meinen Namen rufen, bis ich anhalten und mir von ihm dabei helfen lassen würde, ihn wieder anzuziehen. Ist er nicht wunderbar?

Die Marmorbank

Während eines Anbetungs-Gottesdienstes am Freitagabend in der Bethel-Gemeinde kam der Heilige Geist zu mir und bat mich, ihm zu folgen. Er brachte mich wieder an den Ort mit den Sockeln zurück. Dort, mitten unter den Sockeln, stand eine schöne Marmorbank. Ich setzte mich genau in die Mitte der Bank und ließ meine Hände links und rechts von mir ruhen. Als ich dort saß, wartete ich und lauschte erwartungsvoll, denn ich dachte, er würde mit mir sprechen und mir etwas Neues beibringen. Also schloss ich meine Augen und wartete.

Jesus kam zu der Bank herüber und sagte: „Mach Platz für mich." Meine Augen sprangen weit auf. Ich rutschte sofort zur Seite und er setzte sich neben mich. Konzentriert neigte ich meinen Kopf. Ich wollte nichts von dem verpassen, was er zu mir sagen wollte. Aber er war so still, dass ich mich schließlich zu ihm hin drehte, ihn anschaute und ihn fragte, was die Lektion sei. Jesus sagte: „Mach Platz für mich. Mach Platz für mich, wenn du dein Zimmer aufräumst. Mach Platz für mich, wenn du Geschirr spülst. Mach Platz für mich, wenn du Auto fährst. Mach Platz für mich, wenn du deine Gehaltsabrechnungen machst“ (meine Arbeit zu dem Zeitpunkt). Jesus sah mir direkt in die Augen und sagte: „Judy, gib mir Raum in allem, was du tust.“

Das goldene Ei

In den letzten Monaten hatte ich dafür gebetet, Gottes Herz kennenzulernen. Irgendwie wusste ich, dass Gott den nächsten Gegenstand dazu verwenden würde, meiner Bitte nachzukommen, weil sie mein Herzenswunsch war. Natürlich wusste ich damals noch nicht, welcher Gegenstand es sein würde, aber inzwischen ist klar, dass ich mit meinem Gefühl richtig lag.

Der nächste Gegenstand, den ich auf dem Sockel sah, hatte die Größe eines Eis. Und was für ein Ei! Es war kristallartig und golden – kristallenes Gold – und hatte sehr viele Facetten. Ich hielt es einfach einige Tage lang in der Hand, weil mir nichts weiter bezüglich seines Nutzens oder der Lektion, die ich lernen sollte, gesagt wurde. Schließlich fragte ich den Vater, was es mit diesem unglaublich schönen Ei auf sich hatte. Er sagte, es repräsentiere all die verschiedenen Facetten, die er habe, und er wollte mich in alle diese Facetten einweihen. Ich hielt es noch eine Weile fest und streichelte es, während es in meinen Händen lag.

Eines Abends kam Jesus und fragte mich, ob ich eine Facette des Eis aus Kristall-Gold sehen wolle. „Oh ja!“, war meine begeisterte Reaktion. Er nahm meine Hand und wir liefen dann gemeinsam eine Treppe hinunter. Die Treppe führte durch den physischen Himmel. Als wir die unterste Stufe erreicht hatten, setzten wir uns hin und schauten über die Stadt

Redding hinweg. In dieser Vision waren die Dächer der Häuser verschwunden, sodass ich sogar in die Häuser hineinsehen konnte. In einigen der Häuser schrien Menschen sich an, in anderen nahmen Menschen Drogen. Es schien, als seien diese Häuser voller Verzweiflung, Zorn, Hass und jeglicher Ausprägung des Bösen.

Während ich die Menschen beobachtete, saß Jesus neben mir und schwieg. Ich schaute ihn an und sah, dass Tränen über sein Gesicht liefen. Er sprach ins Universum hinein: „Ich liebe sie. *Ich liebe sie!* Wer wird ihnen von mir erzählen? Wer wird es ihnen sagen?“ Ich sagte ihm, ich könne es nicht tun, weil ich über meine eigenen Worte stolperte und die meisten der Dinge, die ich sagte, falsch herauskämen. Jesus wusste, dass ich mich immer mit Moses identifiziert hatte, dem das Reden schwergefallen war. Dennoch sagte er: „Wenn du ganz einfach den Mund öffnest, wird der Heilige Geist durch dich sprechen und ihnen von mir erzählen.“ Er drehte den Kopf und fuhr fort, die Menschen in ihren dachlosen Häusern zu beobachten. Dicke Tränen tropften jetzt von seinem Kinn hinab. Ich fing an zu weinen, strecke meinen Arm nach oben, wischte seine Tränen ab und sagte ihm, dass ich meinen Mund öffnen würde. Ich würde den Heiligen Geist durch mich sprechen lassen, sodass sie von ihm hören könnten.

Ich dachte für einen Moment über das nach, was gerade stattgefunden hatte. Ich sah die starke Liebe Jesu für die Verlorenen und seine Tränen des Schmerzes über sie. Außerdem wurde ich mir seines Auftrags bewusst, zu gehen und ihnen zu sagen, dass er sie liebt. Genau in dem Moment fragte Jesus mich, ob ich noch einen weiteren Aspekt des goldenen Kristall-Eies sehen wolle.

Der Krieger

Plötzlich beförderte Jesus mich an einen anderen Ort. Wir waren nicht länger in der Luft. Stattdessen standen meine Füße wieder auf dem Boden in der Stadt Gottes. Ein herrliches weißes Pferd, in voller Kampfesmontur, stand neben Jesus. Jesus bestieg das Pferd. Hinter ihm befand sich eine große Menge von Kriegerengeln, alle in Rüstungen gekleidet. Sie begannen, auf der Stelle zu marschieren. Das verursachte einen donnernden Klang und ließ den Boden, auf dem ich stand, vibrieren. Jesus schaute mich an und deutete auf den Vater. Ich rannte zu meinem Vater hinüber und kletterte auf seinen Schoß. Ich stand auf seinen Beinen, den Rücken gegen seine Brust gelehnt, während seine Arme mich fest an ihn drückten. Ich schaute gebannt zu, wie mein herrlicher Bräutigam sich an seine Truppen wandte und ihnen zu erkennen gab, sie sollten weiterziehen. Der Boden rollte zur Seite. Darunter sah ich etwas, das wie ein Bienenstock aussah, der von einem Bienenschwarm umgeben war. Jesus gab einen Befehl und die Krieger begannen zu marschieren, mit Jesus an der Spitze. Daraufhin erhöhten die Bienen ihre Aktivitäten, und sobald Jesus und die Truppen näher kamen, stoben die Bienen auseinander und enthüllten dadurch ihren Bienenstock.

Dann sah ich, dass es überhaupt kein Bienenstock war; es handelte sich um die Erde. Und das, was wie Bienen aussah, waren in Wirklichkeit dämonische Wesen, die die Erde gefangen hielten. Sie begannen, vor dem kommenden König und seiner Armee von Engel-Kriegern zu fliehen.

Ich bemerkte eine besonders große Gruppe von dämonischen Wesen, die als eine geschlossene Gruppe auftraten. Als Jesus ihnen entgegenritt, zerteilten sie sich und deckten dadurch Satan, den Vater der Lügen, auf. Jesus ritt noch näher ran, beugte sich über die eine Seite seines Pferdes und packte Satan mit seiner rechten Hand am Genick. Dann hob er ihn hoch, über den Hals des Pferdes hinweg, und warf ihn in ein Loch, das sich auf seiner rechten Seite befand. Der Deckel für das Loch glich einem Kanaldeckel und wurde sofort fest zugeschlagen. Dann wurde ein großes Schloss angebracht, um den Deckel geschlossen zu halten. Jesus marschierte weiter. Als er der Erde näher kam, brachen die Menschen, die die

Schlacht am Himmel beobachtet hatten, in einen lauten Dankesruf aus.

Ich war wahnsinnig aufgeregt. Ich wandte mich zum Vater und fragte: „Darf ich da runter gehen?“ Er ließ mich gehen, und sofort befand ich mich unter den Scharen von Menschen auf der Erde. Da waren Menschen aus allen Nationen, und doch sprachen wir alle die gleiche Sprache. Wir freuten uns und riefen: „Hosianna, hosianna, der König ist gekommen, der König ist gekommen. Heilig und mächtig ist unser König Jesus.“ Jesus ritt die Straße entlang und ich war sehr stolz auf ihn. Es war mein König, mein Verlobter und meine Liebe. Als er in meine Nähe kam, hielt er an und lächelte. Oh, wie wunderbar er ist!

Der Duft seiner Liebe

Danach fand ich mich wieder bei Jesus vor, hielt das Ei aus Kristall-Gold in der einen Hand und bedeckte es schützend mit der anderen. Ich wusste nicht, was ich mit diesem Gegenstand tun sollte. Ich wollte ihn um keinen Preis aus der Hand legen. Meine Taschen waren zu sehr mit dem Duft der Liebe Jesu gefüllt. Also fragte ich Jesus, was ich mit dieser Lektion tun solle. Er sagte mir, ich solle sie um den Hals tragen. Ich hob meine Hand, um das Ei näher zu betrachten, und entdeckte dabei, dass eine feine goldene Kette daran befestigt war. Liebevoll zog ich sie über den Kopf und stellte fest, dass sie lang genug war, dass sich das Ei unmittelbar über meinem Herzen befand. War dies nicht die Antwort auf mein Gebet, das Herz Gottes zu kennen? Nun waren das Wesen Gottes und der Duft seiner reinen Liebe für immer in der Nähe meines Herzens.

KAPITEL 15

Geheime Liebe

Meine Arme lagen um den Hals meines Vaters und mein Mund war neben seinem Ohr, während ich ihm erzählte, wie sehr ich ihn liebte. So mag ich es am liebsten, wenn ich bei ihm bin, denn wenn sich mein Mund neben seinem Ohr befindet, berühren sich unsere Gesichter und die dann erlebte Vertrautheit überwältigt mich beinahe. Er forderte mich auf, mich hinzusetzen. Also setzte ich mich auf seinen Schoß. Jesus kam auch ganz nahe dazu, und nachdem ich meinen Kopf an die Brust des Vaters gelegt und Jesus an der Hand genommen hatte, schloss ich meine Augen. Die Welt in all ihrer ganzen Pracht glich nicht annähernd der Herrlichkeit seiner Liebe und seines Friedens, die ich in diesem Moment in meinem Herzen verspürte.

Als ich meine Augen wieder öffnete, schaute mich Jesus aufmerksam an. Ich hielt den Atem an, denn ich hatte diesen Gesichtsausdruck schon einmal gesehen. Ich selbst hatte ihn schon gehabt und wusste genau, welche Art von Liebe es war, die diesen Ausdruck auf einem Gesicht hervorrufen konnte. Als meine Kinder geboren wurden, hielt ich sie gerne in den Armen und schaute sie an. Ganz zärtlich berührte ich ihre kleinen Gesichter. Wie wunderbar sie waren! Wie sehr ich das Leben bestaunte, das ich mit Gottes Erlaubnis hervorbringen durfte. Auch als sie größer wurden, änderte sich dieses Gefühl nicht. Selbst jetzt ertappen sie mich dabei, wie ich sie anstarre, obwohl sie längst erwachsen sind. Das mache ich deshalb, weil sie für mich immer noch voller Wunder sind. Ich staune immer noch über das Wunder, das sie zu mir gebracht hat.

Das war der Ausdruck, den Jesus auf seinem Gesicht hatte. Er staunte über seine Schöpfung. Er staunte über mich. Obwohl wir falsche Entscheidungen getroffen und ihn verletzt haben, staunt er über das Wunder seiner Schöpfung.

Jon, mein ältester Sohn, war nicht dafür bekannt, gefühlsmäßig sehr offen zu sein. Ich wusste, dass er Dinge tief in sich fühlte, aber nach außen seine Gefühle nicht zeigte. Wenn ich ihm sagte, dass ich ihn liebte, war seine Antwort: „Jaja." Während seiner Highschool-Zeit kam er an einem Muttertag zu mir und sagte mir, er habe kein Geld, um mir ein Geschenk zu kaufen, er wolle mir aber dennoch etwas geben. Dann schlang er seine Arme um mich, küsste mich auf die Wange und sagte mir, er habe mich sehr lieb. Kein materielles Geschenk hätte mir mehr bedeutet. Kein gekauftes Geschenk konnte das übertreffen, was er gerade getan hatte. Wir freuen uns, wenn wir solche Worte von den Menschen hören, die wir lieben. Wie viel mehr möchte der Vater diese Worte von uns hören?

Als ich über diese Art der Liebe nachdachte, erinnerte ich mich daran, wie meine Kinder, als sie jung waren, zu mir liefen und Trost suchten, wenn sie sich verletzt hatten. Ich umarmte und küsste sie dann und sprach ihnen tröstende Worte zu, womit ich ihnen versicherte, dass alles wieder in Ordnung kommen würde. Kurze Zeit später sprangen sie davon, um wieder zu spielen, ohne auch nur noch einen Gedanken an den Schmerz zu verschwenden, der nur Minuten zuvor so überwältigend gewesen war. Wenn ich ganz ehrlich bin, empfand ein winziger Teil meines Herzens ein kleines bisschen Freude daran, wenn sie sich verletzt hatten. Wie konnte ich Freude an ihren Schmerzen haben? Nicht deswegen, weil ich wollte, dass sie sich verletzen, sondern weil sie zu mir liefen und ich sie halten, ihren Schmerz wegküssen und die Quelle ihres Trostes sein durfte.

So war es bei mir. Ich weiß nicht genau, was im Herzen eines vollkommenen Gottes abläuft, aber ich weiß, dass er sich freut, wenn wir zu ihm laufen, wenn wir verletzt sind. Ich frage mich, ob auch unser Tröster, unser wunderbarer Heiliger

Geist, ein wenig lächelt, weil er hofft, dass wir ihm erlauben, seine Arme um uns zu schlingen und unsere Wunden zu küssen. Ich sagte zu ihm: „Mein Herr, ist dies eine weitere Facette? Sehnst du dich zutiefst danach, dass wir zu allen Zeiten zu dir kommen, um die Vorzüge deiner sanften Liebe zu genießen, wie Eltern sich zutiefst danach sehnen, dass ihre Kinder zu ihnen kommen, damit sie sie lieben und trösten können? Herr, ich möchte nie selbstgenügsam werden und mich deinem Wirken in meinem Leben entziehen. Ich möchte mein Leben in deinen Armen leben. Ich möchte mich nie von den tröstenden Worten, den heilenden, zärtlichen Berührungen und der Wahrheit, die ich in deiner Gegenwart finde, entfernen." Er scheint immer erfreut zu sein, wenn ich etwas von dem begreife, was er mir offenbart.

Seelische Heilung

Eines Abends, während einer Veranstaltung mit Randy Clark, ging ich nach vorne, als er einen Aufruf für alle machten, die eine Heilungssalbung wollten. Der Andrang war sehr groß. Ich spürte die Gegenwart Gottes so stark, dass ich wusste, ich würde nicht in der Lage sein, viel länger zu stehen. Ich fand einen Platz, um mich ruhig hinzulegen, und Jesus kam zu mir und fragte mich, ob ich etwas sehen wollte. Aber ja!

Jesus führte mich an einen Ort, an dem sich ein großes Tor vor mir öffnete. Hinter dem Tor konnte ich einen schönen Garten sehen. Meine Augen wanderten von der linken Seite des Tores nach rechts, und dabei saugte ich den Anblick des schönen Gartens in mich auf. Und ganz auf der rechten Seite sah ich meinen irdischen Vater im Garten stehen. Ich war so erstaunt, dass aus mir herausplatzte: „Du bist hier!" Mein Vater sagte: „Ja, ich habe es gerade noch geschafft." Wenn mir jemand gesagt hätte, dass er im Himmel wäre, hätte ich es nicht für möglich gehalten. Er hatte unter einer Aussackung der Hauptschlagader gelitten. Weil er nicht mehr hatte leben wollen, hatte er nichts dagegen getan. Sein Nachbar hatte mir erzählt, mein Vater habe etwa drei Tage vor seinem Tod gespürt, dass diese arterielle Aussackung bald platzen würde. In dieser Zeit muss er Jesus als seinen Herrn und Retter angenommen haben.

Mir drehte sich der Kopf. Obwohl ich versuchte, zu ihm hin zu gehen, war es, als klebten meine Füße am Boden fest. Aber auch er war nicht in der Lage, dahin zu kommen, wo ich stand. Dann sagte er: „Es tut mir so leid." Ich wusste, dass ihm all der Schmerz, den er mir verursacht hatte, leidtat. Ich hatte keine Ahnung, was ich tun sollte, weil ich es kaum ertragen konnte. Also drehte ich mich langsam um, aber er rief mich bei meinem Namen und sagte: „Ich möchte dich wissen lassen, dass ich dich schön finde. Ich liebe dich und bin so stolz auf dich." Wow. Einfach so hatte er das gesagt, was jedes kleine Mädchen von seinem Vater hören möchte. Dann schloss sich das Tor. Mir drehte sich der Kopf. Was war gerade passiert?

Ich schaute nach rechts, wo Jesus stand. Neben ihm war meine Großmutter. Es war die Großmutter, die mir gesagt hatte, ich könne nie etwas richtig machen. Sie kam auf mich zu, legte ihre rechte Hand auf mein Gesicht und sagte: „Es tut mir leid."

Was für eine unglaubliche Heilung doch in diesen Momenten stattfand! Ich fühlte eine ungeheure Erleichterung und Freude darüber, dass mein irdischer Vater auf mich wartete. Natürlich hätte Jesus mir das nicht jetzt schon zeigen müssen. Ich hätte es alles später entdecken können, wenn ich, nach dem Verlassen dieser Erde, für immer in den Himmel gehen werde. Aber aufgrund der liebenden Güte meines Vaters entschied er sich, einen riesigen Teil von mir „frühzeitig" zu heilen.

KAPITEL 16

Das Kreuz der Liebe und des Gehorsams

Eines Tages kam Jesus zu mir und fragte mich, ob ich eine weitere Facette sehen wollte. Er nahm meine Hand und wir fingen an, uns unglaublich schnell fortzubewegen. Alles rauschte verschwommen an mir vorbei. Ich wusste, dass wir uns sehr schnell bewegten, weil meine Kleidung an mich gedrückt wurde, als stünde ich vor einem Hochgeschwindigkeits-Ventilator. Meine Haare flogen waagerecht nach hinten und ich spürte, wie meine Gesichtshaut durch den Druck nach hinten gezogen wurde. Ich fragte Jesus, wohin wir gingen, worauf er erwiderte, dass wir in der Zeit zurückreisten.

Sobald wir anhielten, fand ich mich in der Szene wieder, als Jesus kurz vor seiner Kreuzigung ausgepeitscht werden sollte. Ich wandte mich ihm zu und verbarg mein Gesicht in seiner Taille. Ich sagte ihm, dass ich weder zuschauen konnte noch wollte. Er legte seine Arme um mich und sagte: „Du musst. Du musst. Ohne dies wärst du jetzt nicht in meinen Armen. Ohne dies hättest du keine Gemeinschaft mit unserem Vater. Und ohne dies würde der Geist des lebendigen Gottes jetzt nicht in dir wohnen. Du musst es sehen.“ Also hob ich meinen Kopf und sah zu. Doch blieb ich genau dort, in seinen Armen.

Der erste Schlag landete einen Volltreffer. Als das Blut zu fließen anfing, zuckte ich zusammen. Ich sah, wie sich der Vater von seinem Thron erhob und hörte, wie das Herz Jesu sagte: „Nein Vater, nein. Sie wissen nicht, was sie tun. Vergib ihnen.“ Der zweite Schlag folgte, und wieder wollte sich der Vater erheben. „Nein, Vater vergib ihnen.“ Der dritte, vierte und fünfte Peitschenschlag folgte, und wieder rief er dem Vater zu, er solle verzeihen. Der 10., 15., 20., 30. und 39. Peitschenschlag folgte und nach jedem von ihnen war der Ruf unseres Retters: „Vergib ihnen, Vater, vergib ihnen. Sie wissen nicht, was sie tun." In meiner Vision hatte ich fast einen Weinkrampf, und körperlich spürte ich, dass Tränen meine Wangen hinunterliefen.

Dann sah ich ihn das Kreuz tragen. Er stolperte und Simon von Kyrene kam zu ihm, um es für ihn zu tragen. Wissen Sie, was sein Herz schrie? Er rief aus: „Danke, Vater. Danke, dass du mir Hilfe schickst." Er war dankbar und zögerte nicht, es seinem Vater zu sagen. Inmitten von Schmerzen und Leiden dankte er seinem Vater für diese scheinbar kleine Geste der Hilfe, während er seinen Gang nach Golgatha fortsetzte. Bis zum Ende bat er seinen Vater darum, uns zu vergeben. Dann rief er es laut vom Kreuz: „Vater, vergib ihnen, denn sie wissen nicht, was sie tun."

Danach gingen wir wieder durch die Zeit zurück zum Thronsaal. Ich stand weinend vor ihm, und er sagte: „Es gibt Vergebung für beide, für die Geretteten und für die nicht Geretteten, aber sie kommt nur durch mich, und ihr müsst sie empfangen. Die Vergebung steht euch immer zur Verfügung, denn der allmächtige Gott ist ein Gott der Vergebung. Es wird Menschen geben, die ewig von uns getrennt sein werden, weil sie die Vergebung des Vaters nicht angenommen haben. Es gibt Menschen, die – wenn sie in die ewige Gemeinschaft mit uns eintreten – sich fragen werden, warum sie nicht die Vergebung empfangen haben, die durch mich gekommen ist, und nicht in dieser Vergebung gelebt haben."

Ich erkannte, dass die Vergebung, die wir durch Jesus empfangen, vollkommen ist. Es gibt keine Risse oder Löcher in ihr; es gibt sie ohne Bedingungen. Sie ist für die Bittenden da. Die Menschen müssen das wissen. Wir Gläubige müssen es ihnen sagen.

Der Kristallwürfel

Der Heilige Geist nahm mich zu einem anderen Sockel, auf dem ein Gegenstand lag, der wie ein Glas- oder Kristallwürfel aussah und etwa so groß wie ein Zauberwürfel (Rubik's Cube) war. Der Heilige Geist sagte mir, dieser Würfel symbolisiere Gehorsam. Er forderte mich auf, ihn fest an mich zu drücken. Also drückte ich den Würfel nah an mich und hielt ihn fest. Da der Würfel Ecken hatte, war er nicht so angenehm zu halten wie ein runder Gegenstand, aber es ging. Dann bat er mich, ihn schräg zu halten. Ich drehte ihn so, wie er es mir zeigte; dabei wurden die Ecken direkt in meine Handflächen hineingedrückt. Er sagte mir, ich solle den Würfel ganz fest halten. Also drückte ich ihn so sehr, wie ich konnte, und hielt ihn fest. Aber dieses Mal tat es weh, weil sich die Ecken in meine Handflächen gruben. Es tat so weh, dass ich ihn auf den Boden warf und er zerbarst.

Rasch schaute ich den Heiligen Geist an. Ich konnte nicht glauben, dass ich den Würfel zerbrochen hatte. Ich schaute ihn mit aufgerissenen Augen an, um zu sehen, ob er zornig war. Dem war nicht so. Er lächelte mich an und sagte: „Es gibt einen richtigen und einen falschen Weg, mit Gehorsam umzugehen. Wenn du strikt an ihm ‚festhältst' und es auf die rechte Weise tust, kann Gehorsam zwar unbequem, aber dennoch möglich sein. Wenn du jedoch gehorsam bist, aber Ärger oder Feindseligkeit darüber empfindest, etwas tun zu müssen, was von dir verlangt wird, wirst du anfangen, dich über die Aufgabe zu beschweren. Du wirst dann weder Frieden noch Freude darüber empfinden, meine Anweisungen zu befolgen. Deshalb wird der Schmerz des Gehorsams so groß sein, dass du den Würfel von dir werfen wirst. Denke daran, dass Jesus das Kreuz um der Freude willen ertrug, die vor ihm lag. Schaue immer über den Gehorsam hinaus auf die Freude. Niemals wird etwas von dir verlangt werden, das keine große Freude nach sich zieht. ‚Halte' Gehorsam richtig."

Er bückte sich und hob einen kleinen Splitter des zerbrochenen Würfels auf. Er nahm meine Hand und grub den Splitter in meine Handfläche ein. Es tat weh, und ich fing an, meine Hand zurückzuziehen. Doch dann beschloss ich, dass ich den Schmerz aushalten würde, als ich voller Freude daran dachte, dass er sich so sehr um mich sorgt, dass er mein Lehrer sein will. Dann gab er mir einen anderen Würfel und bat mich, ihn gegen meine Stirn zu drücken. Als ich dies tat, verschwand der Würfel in meinem Kopf.

Der Splitter ist dazu da, mich zu erinnern, was passiert, wenn ich falsch mit Gehorsam umgehe. Und der Würfel ist dazu da, mich zu erinnern, gehorsam zu sein, aufgrund der Freude, die vor mir liegt.

Kapitel 17

Noch mehr Gegenstandslektionen

Licht der Welt

An einem anderen Tag nahm der Heilige Geist mich zu einem Sockel mit, auf dem ein Gegenstand lag, der die Größe einer kleinen Perle hatte. Ich klemmte ihn vorsichtig zwischen Daumen und Zeigefinger, hob ihn hoch und fragte den Heiligen Geist, um was es sich handele. Noch bevor der Heilige Geist mir antworten konnte, brach sich ein großes Licht aus der Perle Bahn. Es war so hell, dass ich nichts sehen konnte. Ich bedeckte es schnell mit meiner anderen Hand, um meine Augen zu schützen, und fragte den Heiligen Geist noch einmal, was es sei. Er sagte mir, es repräsentiere Jesus, das Licht der Welt, und bat mich, es in mein Auge zu setzen.

Als ich das tat, fand ich mich sofort an dem Ufer eines Hafens wieder. Ich war ein Leuchtturm. Das Licht der Welt strahlte aus meinem Auge. Es kamen Schiffe in diesen sicheren Hafen, aber es gab viele Hindernisse auf dem Weg: Korallenriffe, Felsen, Sandbänke, Treibgut, und jede Art von Gefahr, die zu Schaden oder Zerstörung führen konnte. Ich wusste, dass es meine Aufgabe war, die Schiffe zu beobachten, wenn sie in den Hafen kamen, die Hindernisse anzustrahlen und ihnen dadurch zu helfen, einen sicheren Weg zu finden. Die Schiffe fuhren mit unterschiedlichen Geschwindigkeiten in diesen sicheren Hafen ein.

Ich verstand diese Lektion fast sofort. Wir Gläubige sind die Leuchttürme: Wir haben das Licht. Es ist wichtig, dass wir Menschen den Weg zeigen und sie vor Hindernissen und

Behinderungen warnen, die sie zum Sinken bringen könnten, bevor sie in Sicherheit sind. Wir sind keine Nebelhörner, die einen schrecklichen Ton von sich geben; wir sind Leuchttürme, die den Weg ausleuchten, Fallen aufzeigen und Menschen ermöglichen, den Weg zu sehen. Wir dürfen nicht zulassen, dass unser Licht schwach wird. Es ist wichtig, dass wir immer genügend Brennstoff zur Verfügung haben, um das Licht hell am Brennen zu halten. Wir dürfen es uns niemals erlauben zu denken, wir hätten jede Menge Brennstoff und bräuchten keinen weiteren, oder wir könnten warten, um mehr Brennstoff zu erhalten, wenn ein bestimmter Sturm vorübergezogen ist. Wir dürfen nicht zulassen, dass wir jemals ausbrennen!

Glaube

Ich ging zu dem nächsten Sockel hin, aber dieser war leer. Ich beugte mich vor und sah genauer hin, konnte aber auf dem Sockel absolut nichts erkennen. Beinahe frustriert sagte ich zu dem Heiligen Geist: „Hier ist nichts." Er antwortete, dass dort doch etwas sei und dass ich nur genauer hinsehen müsse. Nachdem ich angestrengt, ohne mit den Augen zu blinzeln, auf den Sockel gestarrt hatte, sah ich immer noch nichts. Er lächelte und sagte, auf dem Sockel befände sich Glaube und ich solle ihn mit meinen Händen schöpfen. Dann forderte er mich auf, ihn wie ein paar Hausschuhe an meine Füße zu stecken. Oh ja, der Glaube – die Wirklichkeit dessen, was man hofft (vgl. Hebr 11,1).

Ich fand es seltsam, dass er mich aufforderte, den Glauben wie Hausschuhe anzuziehen. Warum nicht normale Schuhe oder Stiefel oder Turnschuhe? „Hausschuhe sind bequem", erklärte er. „Sie sind das, was man nach einem langen Tag anzieht, weil sie warm und wohlig sind." Ich verstand allmählich, dass sich mein Glaube „vertraut" anfühlen sollte, sodass ich in dem Wissen in jede Situation gehen konnte, dass der Heilige Geist mich lehren und leiten würde. Das hieß nicht, dass ich den Glauben für selbstverständlich nehmen konnte.

Es bedeutete lediglich, dass ich mit dem Maß an Glauben, das Gott mir gegeben hat, zufrieden sein sollte, während mein Glaube zugleich jeden Tag wächst.

Der Staffelstab

Nach der Lektion „Maß des Glaubens" wurde ich zu einem anderen Sockel geführt. Darauf lag ein Stab. Sobald ich ihn aufhob, sah ich einen Läufer, der sich, mit einem Staffelstab in der Hand, in einem Rennen befand. Der Heilige Geist bestätigte mir, dass der Staffelstab ein Symbol dafür war, dass wir uns in einem Wettlauf befinden. Ausdauer wird einen in einem Wettlauf bis zum Ziel führen. Ich brach den Stab in zwei Teile und brachte diese an meinen Schienbeinen an. Die Teile werden mich daran erinnern, auszuharren und den Wettlauf bis zum Ende zu laufen.

Später saß ich zuhause an meinem Schreibtisch und schlug das Wort *ausharren* im Wörterbuch nach. Es bedeutet: „an einem bestimmten Ort [trotz widriger Umstände] geduldig weiter, bis zum Ende warten, aushalten".[1] Ich schaute auf meine Knöchel und konnte im Geist die gebrochenen Stücke des Staffelstabs sehen. Ich wusste, dass ich durchhalten und überdauern konnte.

Der Stab

Eines Tages war ich bei meinem Vater und brachte ihm einfach meine Liebe zum Ausdruck und ließ mich auch von ihm lieben. Da stellte er mich auf dem Boden vor sich hin. Er nahm eine Krone und setzte sie auf meinen Kopf. Dann gab er mir einen Stab. Die Definition der Funktion eines *Stabes* ist „eine Unterstützung beim Gehen oder Klettern oder zum Einsatz als

---

[1] DUDEN – Das große Wörterbuch der deutschen Sprache, 4. Aufl. Mannheim 2012 [CD-ROM].

Waffe; einen Stab tragen als Symbol der Autorität."[2] Ich hatte den Eindruck, dass der Stab, den mir mein Vater gab, alle drei Aspekte symbolisierte. Als Mitglied der königlichen Familie trage ich ein Symbol der Autorität mit mir. Ich habe die Unterstützung meiner Familie, während ich gemeinsam mit ihnen in diesem Abenteuer unterwegs bin. Und ich habe die ultimative Waffe gegen den Teufel: den König selbst.

---

[2] „staff." *Microsoft Word Dictionary*. 2008, Mac-Version 12.2.6.

Kapitel 18

Zutiefst mit ihm vereint

Wir waren an dem Ort, an dem sich die Gegenstände und Sockel befanden, und ich hatte meine Arme um den Hals des Vaters gelegt. Er packte mich an den Schultern und schob mich ein wenig zurück, sodass etwa 30 cm Platz zwischen uns waren. Seine Herrlichkeit ging strahlenförmig und in glänzenden, wunderbar anzusehenden Strömen von ihm aus. Er legte seine Hand auf seine Brust und „zwickte" ein kleines bisschen seiner Herrlichkeit ab, eine Art „Starthilfe" (wie Hefe für das Brotbacken). Das steckte er in mich hinein. Ich fing an zu lachen, ein freudiges Lachen. Ich hatte etwas Herrlichkeit. Ich hatte etwas Herrlichkeit! Oh, Herrlichkeit! Ich hatte etwas Herrlichkeit! Ich rannte zu Jesus hin und zeigte ihm, dass ich einen Teil seiner Herrlichkeit in mir trug. Er war sehr glücklich. Wenn wir glücklich mit dem sind, was er uns gegeben und für uns getan hat, sind der Vater, Jesus und der Heilige Geist auch glücklich.

Dann kam der Heilige Geist zu mir her und bat mich um einen Tanz. Zuvor hatten meine Füße immer den Boden berührt, wenn ich mit ihm getanzt hatte, während er in der Luft herumschwirrte, scheinbar ungehindert von der Schwerkraft, die mich auf dem Boden hielt. Doch dieses Mal nahm er mich in seine Arme, und wir beide schwebten in einem wunderbaren Tanz auf und davon. Ich lachte und er lächelte mich an. Dann beugte er sich zu mir und sagte: „Ich liebe dich."

Ich antwortete: „Ich liebe dich auch."

Er sagte dann: „Ich liebe den Vater."

„Oh ja", sagte ich: „Ich auch."

Dann sagte er: „Ich liebe Jesus."

„Ich auch."

Er beugte sich wieder vor und sagte, wir würden für den Tag üben, an dem die Braut und der Bräutigam auf ihrer Hochzeit tanzen würden. Er lehrte mich, wie ich sensibel für seine Führung sein konnte und wie ich bei seiner geringsten Bewegung oder Andeutung in der Lage wäre, ihm zu folgen. Ich liebe es, mit dem Heiligen Geist zu tanzen. Ich kann meinen Hochzeitstag, an dem ich mit Jesus tanzen werde, kaum erwarten. Offenbar kann auch der Herr nicht auf den Hochzeitstag warten, da er mir einen Einblick in das gab, was kommen wird. Und ich möchte es Ihnen erzählen.

Die Hochzeit

Ich stand an der Tür einer Kathedrale, die eine beeindruckende Größe hatte und von prächtiger Erscheinung war. Als ich durch die Tür sah, sah ich ganz vorne im Gang meinen Vater stehen. An seiner Seite stand Jesus und hielt den Kopf gesenkt. Die nicht enden wollenden Sitzreihen waren durchsichtig, wie aus reinstem Glas. Sie waren voller Engel und Himmelswesen in hauchdünnen Gewändern. Diese himmlischen Heerscharen waren extrem aufgeregt. Eine unglaubliche Erwartung lag in der Luft, die ich sogar mit meinen Sinnen wahrnehmen konnte.

Als ich so im Eingangsbereich stand, war der Klang von Trompeten zu hören, brillant in Ton und Lautstärke, die den majestätischen Moment ankündigten. Dann schwang der Heilige Geist die Türflügel auf und bot der Braut seinen Arm an. Sobald ich durch die Tür trat, schritt nicht nur ich, sondern die gesamte Braut Christi den Gang entlang. Mein Vater lächelte, die himmlischen Heerscharen beendeten ihr aufgeregtes Flüstern und drehten sich um, um zuzusehen. Dann hob Jesus seinen Kopf. Oh, wenn Sie nur seine Reaktion auf den Anblick seiner schönen Braut hätten sehen können! Sein Lächeln war strahlend und drückte äußerste Freude über diesen lang ersehnten Tag aus.

Jesus begann, auf seine Braut zuzugehen, doch der lächelnde Vater griff nach seinem Arm und hielt ihn zurück. Jesus war bereits für die Braut gekommen. Nun war die Braut an der Reihe, zu Jesus zu kommen. Still und souverän stand er da, als der Heilige Geist mit der Braut durch den lang erscheinenden Gang ging. Während der ganzen Zeit hielt Jesus seine Augen auf die Braut gerichtet. Als der Heilige Geist und die Braut sich dem Altar Gottes näherten, blieben sie stehen. Der Vater streckte die Hand aus, nahm die Hand der Braut und legte sie in die Hand seines Sohnes. Dann sagte er: „Jesus, ich präsentiere dir deine Braut ohne Flecken oder Runzeln" (vgl. Eph 5,27).

Der ganze Himmel freute sich. Scharen von Engelwesen begannen anzubeten und die Braut stimmte in die Anbetung ihres wunderbaren Bräutigams und Geliebten ein.

Gedanken

Nach dieser letzten Vision von der bevorstehenden Hochzeit kam mir der Gedanke, dies müsse nun das Ende der Visionen sein. Was für ein Ende! In gewisser Weise hatte ich gehofft, dass es das Ende war. Diese Visionen waren wunderbar. Die Zeiten, die ich mit meinem Gott, meinem Jesus und meinem Heiligen Geist verbrachte, waren unglaublich lieblich – fast wie eine Vision innerhalb einer Vision. Ich glaube nicht, dass die Zeiten, in denen ich nur mit ihnen rede, der gleichen Dimension zugehörig sind wie meine Visionen – aber vielleicht sind sie es doch. Ist das möglich? Es ist so real, ich *fühle* Jesu Arme um mich. Ich *höre* meinen Vater in mein Ohr flüstern und ich *spüre* den Heiligen Geist, wenn er um mich herumtanzt. Dennoch geschieht es nicht in der natürlichen Dimension, obwohl es sich tatsächlich anfühlt, als sei es real. Manchmal ist der Stoff, der die natürliche von der geistlichen Welt trennt, so durchsichtig und durchlässig, dass man mit seiner Hand von der einen in die andere greifen oder ganz unerwartet in die geistliche Welt hineinstolpern kann.

KAPITEL 19

Herzen

Bisher habe ich es versäumt, Ihnen über das Fenster zu erzählen, das ich sah, als ich bei den Sockeln und ihren Gegenständen war. Ich bemerkte das Fenster im hinteren Teil des Raumes und erhielt die Erlaubnis, dort hinzugehen und hinauszuschauen, um zu sehen, was sich dort befand. Das Fenster war aus blickdichtem Glas. Deshalb musste ich es öffnen, um zu sehen, was sich draußen befand. Durch das offene Fenster sah ich eine umwerfend schöne Parkanlage. Der Bach bzw. Fluss, der vom Thron Gottes ausging, verlief auch durch den Garten und kam irgendwie wieder zurück und floss durch den Park vor dem Fenster. Allerdings war der Bach an dieser Stelle breiter und viel tiefer als in dem Garten: Er war ein Fluss. In der Tat ähnelte dieser Park dem Garten sehr, nur war er ein ganzes Stück größer. Er schien so weit zu gehen, wie meine Augen reichten. Mein Aussichtspunkt am Fenster lag viel höher als der Park selbst. Als ich hinausblickte, sah ich jemanden bei einer Baumgruppe stehen, konnte aber nicht erkennen, wer es war.

Ich dachte gerade über all das nach, als Jesus kam und mich fragte, ob ich eine weitere Facette des kristallgoldenen Eies sehen wolle. Diese Geschichte werde ich Ihnen jetzt zuerst erzählen und werde danach zu dem zurückkommen, was im Park passiert ist.

Wo ist mein Herz?

Wieder einmal stand ich als kleines Mädchen vor Jesus. Er nahm sein Herz und gab es mir. Wir liefen eine Weile und ich war sehr vorsichtig, während ich dieses kostbare Herz hielt. Dann stand ich plötzlich in einer Küche, doch Jesus war nicht mehr da. Ich hörte, wie Kinder draußen spielten, konnte jedoch nicht nach draußen gehen, um zu spielen, weil ich das Herz Jesu hielt. Ich wollte aber so gern nach draußen gehen und spielen. Also legte ich das Herz behutsam auf den Tisch und rannte zum Spielen nach draußen. Nach kurzer Zeit spürte ich, dass Jesus neben mir stand. Ich sah zu ihm hoch. Er beugte sich vor und fragte freundlich: „Wo ist mein Herz?" Ich dachte: *O nein!* und lief schnell ins Haus, holte sein Herz und dachte: *Ich werde nie wieder sein Herz ablegen.*

Dann sah ich ein paar Kekse auf einem Regal. Ich ging hin und griff mit einer Hand nach oben, um an die Kekse zu gelangen, während ich mit der anderen Hand sein Herz hielt, da ich sein Herz nicht noch einmal ablegen wollte. Leider konnte ich die Kekse mit einer Hand nicht ganz erreichen. Also klemmte ich sein Herz unter mein Kinn und senkte meinen Kopf, um es festzuhalten und gleichzeitig meine Hände zu befreien, um die Kekse zu erreichen. Doch dann rutschte das Herz unter meinem Kinn hervor und fiel auf den Boden. In einem Augenblick war Jesus da, bückte sich, hob sein Herz auf, trug es zum Waschbecken und wusch es ab. Wieder gab er mir sein Herz zurück. Ich dachte mir: *Nie wieder werde ich sein Herz unter mein Kinn klemmen. Herzen scheinen glatt und rutschig zu sein.*

Dann entschied ich mich, einen Spaziergang zu machen. Als ich ging, wackelte sein Herz in meinen Händen, was irgendwie lustig war. Also begann ich zu stampfen, damit es stärker wackelte. Dann fing ich an, das Herz von Jesus ein wenig in die Luft zu werfen, bis ich es schließlich von einer Hand in die andere jonglierte. Leider verpasste ich einen Wurf und sein Herz landete auf dem Boden. An diesem Punkt endete die Vision, aber ich hatte vollkommen verstanden, was Jesus mich lehren wollte.

Wie oft legen wir Jesu Herz beiseite, um „unser eigenes Ding" zu machen? Wenn wir uns auf unseren eigenen Weg begeben, lassen wir Jesu Herz oft zurück. Und wenn wir nach fleischlicher Erfüllung streben, neigen wir dazu, achtlos mit seinem Herzen umzugehen. In unserem alltäglichen Leben vernachlässigen wir es oft, seinem Herzen den Respekt und die Ehre zu geben, die es verdient. Mir wurde außerdem bewusst, dass Jesus niemals zornig war, wenn ich sein Herz beiseite legte, leichtfertig mit ihm umging oder ihm nicht die Ehre gab, die ihm zustand. Ich wusste, dass es ihn traurig machte, aber er war nie zornig und gab mir stets sein Herz zurück. Oh, wie ich diese Eigenschaft an Gott liebe. Er wird nicht müde, uns zu lehren, wie wir sein Herz richtig halten können und wie wir ihn jenseits unserer eigennützigen Wünsche und Nachlässigkeit lieben können. Wir dürfen sogar seine wunderbare Vergebung in Anspruch nehmen, wenn wir nicht alles richtig machen. Jetzt versuche ich immer, nahe an seinem Herzen zu bleiben. Ich möchte sein Herz für mich und all die anderen Menschen schlagen hören.

Das Fenster

Erinnern Sie sich noch an das Fenster, von dem man über den Park hinausblickt, von dem ich Ihnen bereits erzählt habe? Der Heilige Geist kam zu mir ans Fenster und fragte mich, ob ich gern in den Park gehen würde. Natürlich wollte ich das. In der Nähe der Sockel war ein schmaler Weg, auf dem mich der Heilige Geist in den Park hinunter führte. Allerdings wurde der Weg auf halber Strecke sehr steinig. Die Steine waren groß. Es sah aus, als ob es einfach wäre, von einem Stein zum nächsten zu treten. Doch ich war nicht sicher auf den Beinen und hatte Angst zu fallen. Der Heilige Geist sagte mir, ich solle meine Schritte genau dahin setzen, wo er es mir zeigte, und dabei seine Hand festhalten. Hand in Hand half er mir auf diese Weise den ganzen Weg den Hügel hinunter. Er ist mein Führer und mein Tröster.

Als wir unten ankamen, gingen wir auf die Bäume zu, an denen ich jemanden hatte stehen sehen. Ich erkannte, dass Jesus und der Vater beide dort waren. Ich lief mit ausgestreckten Armen auf sie zu und gab beiden eine Umarmung. Sobald der Heilige Geist uns einholte, zeigte Jesus mir einen runden Tisch mit Stühlen und forderte mich auf, mich hinzusetzen. Wir setzten uns alle hin: Jesus, der Vater, der Heilige Geist und ich. Jesus sah mich an und sagte: „Ich möchte, dass du dein Herz auf den Tisch legst." Das hörte sich für mich nicht gut an, aber ich wusste, dass ich nichts zu befürchten hatte. Also legte ich mein Herz vor Jesus und dem Heiligen Geist auf den Tisch. Dann stand ich auf und ging weg. Irgendwie wusste ich einfach, dass ich sie alleine lassen und nicht zurückkehren sollte, bis sie mich riefen. Ich wartete in der Nähe, aber außer Hörweite. Am nächsten Tag redeten sie immer noch! Ich wollte unbedingt mitbekommen, was sie sagten, aber ich wusste, dass ich warten musste.

Ist der Verstand nicht eine wunderbare und zugleich fürchterliche Sache? Mir kam der Gedanke, dass sie wahrscheinlich darüber diskutierten, wie schwarz mein Herz war und dass sie nicht in der Lage wären, es zu benutzen. Aber ich glaubte diese Lüge nicht. Denn selbst wenn mein Herz zu schwarz wäre, selbst wenn es wie ein Klumpen Kohle wäre, wusste ich, dass sie es gesund machen oder mir ein neues geben würden. Ich liebe sie so sehr. Dann wurde ich etwas nervös, weil ich wissen wollte, was als Nächstes passieren würde.

Ich habe herausgefunden, dass ich mich mit dem Vater, dem Sohn und dem Heiligen Geist immer noch an einem anderen Ort zum Reden treffen kann, wenn sie mich in einer Vision durch einen Prozess führen, der ein paar Tage dauert. Mitten in der Vision, in der sie immer noch an meinem Herz arbeiteten, traf ich mich mit dem Heiligen Geist und bat ihn, mir schneller Dinge beizubringen. Ich wollte, dass alles schneller ging. Er lachte und sagte, er tanze Walzer, während ich den Jitterbug (Swing) tanzen wolle. Wenn ich mit ihm tanzen wolle, müsse ich wissen, wie er tanze und im Gleichschritt mit ihm sein. Ansonsten würde ich aus eigener Kraft mein eigenes Ding machen, und das ohne die Gnade, die kommt, wenn wir seiner Führung folgen.

Schließlich nickte Jesus mir zu und ich ging zum Tisch zurück. Ich sah, wie Jesus mein Herz in die Hand nahm. Er nahm ein kleines Stück seines Herzens, legte es auf mein Herz und nähte es dort fest. Dann gab er es dem Heiligen Geist, der ebenfalls ein Stückchen seines Herzens nahm und es an mein Herz nähte. Der Heilige Geist übergab mein Herz dem Vater, und auch er nahm ein Stückchen seines Herzens und nähte es an meines dran. Dann gab Jesus mir mein Flickenherz zurück. Der Vater sagte, ihre Herzen seine in Wirklichkeit nur ein Herz und würden im gleichen Takt schlagen. Er habe mir aber dieses Bild gegeben, in dem alle drei mir ein Stück ihres Herzens gaben, weil er mich habe wissen lassen wollen, dass diese Stücke gepflegt werden müssten. Außerdem müsse ich diese wachsen lassen, bis sie mein eigenes Herz völlig eingenommen hätten.

KAPITEL 20

Spaß im Garten

Am Lagerfeuer

Eines Tages ging ich zu dem Fluss, der sich im Garten befand. Es handelte sich um den Fluss der Herrlichkeit Gottes, der mir so vertraut geworden war. Ich setzte mich und steckte meine Füße ins Wasser. Dann kam der Vater herüber und setzte sich neben mich. Als ich nach unten schaute, bemerkte ich, dass ich eine sehr schlichte Angelrute in meiner Hand hielt, deren Leine im Wasser war. Ich angelte also im Fluss, und es machte sehr viel Spaß. Mein Vater fragte mich, wonach ich fischte. Ich dachte einen Augenblick darüber nach. Dann sah ich ihn mit einem großen Grinsen auf meinem Gesicht an und sagte: „Menschen." Er lachte laut auf und sagte: „Gut." Er fragte mich, was ich als Köder benutzte. Wieder dachte ich für einen Moment nach. Erneut hatte ich ein großes Lächeln auf meinem Gesicht, während ich sehr langsam sagte: „Liebe." Er legte seinen Arm um mich, zog mich an sich heran und sagte: „Das ist sehr gut. Je mehr Köder du verwendest, desto mehr wirst du fangen."

Ein anderes Mal befand ich mich auf dem Weg zurück zu einem Tisch, an dem Jesus und der Heilige Geist saßen. Jesus fragte mich, ob ich mit ihm irgendwo hingehen wollte. Wir gingen los und begegneten dem Vater, der auf einer kleinen Lichtung an einem Lagerfeuer saß. Im Feuer lagen Holzscheite und die Flammen knisterten hungrig und schnappten nach ihnen. Wir saßen dort in geselligem Schweigen beisammen und hörten zu, wie die Holzscheite verschlungen wurden.

Nach einer Weile wurde das Feuer um einiges wärmer, als hätte jemand den Thermostat hochgedreht. Mir wurde die Hitze so unangenehm, dass ich mich von ihr entfernen musste. Als ich mich umdrehte und zum Lagerfeuer zurückblickte, sah ich alle drei mit gesenkten Köpfen dasitzen. Ich wusste, dass ich etwas falsch gemacht hatte. Also ging ich schnell zum Vater zurück und fragte ihn, was ich getan hatte. Er erklärte mir, dies sei sein Feuer und es würde manchmal sehr warm und unangenehm werden. Trotzdem solle ich niemals davon weggehen, nicht einmal für eine kurze Zeit, es sei denn, sie würden mich dazu auffordern. Er sagte außerdem, andere seien weggegangen und es würden noch weitere weggehen, weil das Feuer manchmal eben zu unangenehm sei. Dann sagte er, dass diejenigen, die das Feuer verlassen hätten, draußen in den Wäldern zitterten. Obwohl sie das Feuer sehen könnten, hätten einige von ihnen Angst zurückzukehren. Andere seien zu stolz und wieder andere glaubten einfach nicht, dass sie sein Feuer bräuchten.

Ich drehte mich um und sah eine Person, die am Rande der Lichtung stand. In der Tat zitterte dieser Mensch; er sah wirklich sehr kalt und ängstlich aus, sehnte sich aber danach, beim Vater zu sein. Ich sah den Vater an und fragte ihn, ob diese Person eine von jenen war, von denen er gesprochen hatte. „Ja, das ist sie", antwortete er. Er forderte mich auf, etwas Feuer zu holen. Also streckte ich meine bloße Hand ins Feuer und holte eine einzelne Flamme, etwa in der Größe einer Pflaume, heraus. Ich hielt die Flamme in meiner Handfläche. Dann forderte der Vater mich auf, zu der Person zu gehen und ihr das Feuer zu bringen. Ich trug die Flamme zu der Person hin, umarmte sie und hielt sie, bis ich spürte, dass sie durch die Liebe meiner Umarmung warm wurde. Dann trat ich einen Schritt zurück und gab ihr meine kleine Flamme. Ich wusste, dass sie zum Feuer zurückkehren und sich zum Vater, zu Jesus und zum Heiligen Geist gesellen würde.

Schnell ging ich zum Feuer zurück und bat den Vater, das Feuer in ein großes, loderndes Feuer zu verwandeln. Es war mein Wunsch, im Feuer zu stehen und mich von ihm verzehren zu lassen. Mir war klar, dass, wenn schon dem Feuer nahe zu sein manchmal unangenehm ist, in ihm zu stehen äußerst unangenehm wäre. Aber wie ich es verstand, war es der Ort, an dem wir sein sollten: in der Mitte von Gottes Feuer, weißglühend für ihn.

Ich begann zu tanzen und durch das Feuer zu wirbeln. Tatsächlich wirbelte ich direkt durch meinen Vater, Jesus und den Heiligen Geist, während sie lachten.

Die Liste

Eines Tages führte mich der Vater zu einer anderen Lichtung, auf der ich einen Tisch sah. Er nahm ein Blatt Papier und breitete es über dem Tisch aus. Dann sagte er, auf dem Papier sei eine Liste mit allen Aufgaben, die ich für ihn ausführen solle, und er fragte mich, ob ich sie erledigen könne. Ich las die Liste, die Dinge beinhaltete wie, anderen von meinem Jesus erzählen, helfen, die Gefangenen zu befreien, liebevoll mit allen Menschen zu reden, die Gnade meines Vaters zum Ausdruck zu bringen usw. Die Liste war in drei Spalten aufgeteilt, die sehr fein gedruckt waren. Ich sagte ihm, ich sei mir nicht sicher, ob ich sie erfüllen könne.

Wissen Sie, ich war bereit, wusste aber nicht, ob ich tatsächlich alles, was auf der Liste stand, tun konnte.

Er rief den Heiligen Geist herbei und bat ihn, sich an meine rechte Seite zu stellen. Mein Vater fragte den Heiligen Geist: „Kannst du all diese Dinge tun?“

Der Heilige Geist lächelte und ließ seinen Blick über die Liste schweifen. Er sagte: „Oh ja, ich kann all diese Dinge tun.“

Mein Vater legte seine rechte Hand auf meine linke Schulter und seine linke Hand auf die rechte Schulter des Heiligen Geistes und begann uns sanft zusammenzuschieben. Daraufhin wurden der Heilige Geist und ich eins. Mir war bewusst, dass er mein ganzes Wesen ausfüllte. Mein Vater fragte ihn wieder: „Kannst du all diese Dinge tun?“

Der Heilige Geist lächelte wieder und sagte: „Ja, ich kann all diese Dinge tun."

Es kitzelte mich, als er sprach, und ich fing an zu kichern. Dann begann er zu kichern. Der Vater lächelte nur und wartete, bis wir aufhören würden. Dann fragte mich mein Vater wieder: „Kannst du all diese Dinge tun?"

„Oh ja", antwortete ich, „mit meinem wunderbaren Helfer kann ich all diese Dinge tun."

Er fragte mich also nicht, ob ich all diese Dinge tun könne, ohne jemals einen Fehler zu machen. Er fragte einfach, ob ich sie tun könne. Möchte er, dass ich sie fehlerlos erfülle? Oh ja. Aber er weiß auch, dass es Übung braucht. Er ist so geduldig und freundlich und vergibt mir meine Fehler. Deshalb brauche ich niemals Angst davor zu haben, einen Fehler zu machen. Ich kann alle Dinge durch Jesus Christus tun, der mich stark macht, und durch den Heiligen Geist, der in mir wohnt.

Tanzen lernen

Dann fingen der Heilige Geist und ich wieder an zu tanzen. Dieses Mal stand ich nicht nur da, während er um mich herumtanzte. Dies war auch nicht der schwebende Tanz wie zuvor, sondern ein Tanz mit vorgegebenen Schrittfolgen, in dem ich lernte, mich von ihm führen zu lassen. Ich spürte den sanften Druck seiner Hand auf meinem Rücken und die feine Bewegung seiner Hand in meiner. Ich wusste, dass es einer der Tänze zweier Menschen werden sollte, die zusammen tausend Tänze getanzt hatten, der Tanz eines Paares, das gelernt hatte, selbst die geringsten Andeutungen des Partners wahrzunehmen und eine Richtungsänderung zu ahnen, noch bevor es vom Rhythmus her klar wurde.

Nach dem Tanzen kamen wir wieder an den Tisch und mein wunderbarer Vater rief Jesus zu uns her. Er sagte: „Mein Sohn, beschreibe mir meine Tochter." Daraufhin schloss der Vater die Augen.

Jesus sah mich an, lächelte und sagte: „Nun, sie liebt uns sehr. Sie bemüht sich sehr, und sie hasst es, wenn sie sündigt. Erinnere dich daran, als ..." Er beschrieb die Zeiten, in denen ich durch eine Prüfung oder große Schwierigkeiten gegangen war und mich an sie gewandt hatte, damit sie mir halfen. Jesus fuhr eine ganze Weile fort, von mir zu erzählen.

Mir wurde bewusst, dass er mit keinem Wort auf meine Haare, meine Augen, meine Größe, mein Gewicht oder meine Farbe einging. Und er sagte kein einziges Mal etwas Negatives über mich – und mit Sicherheit hätte er das tun können. Er beschrieb ***mich***. Nicht die Person Judy, die ich nicht mag, oder die Judy, die eine bestimmte Sünde noch nicht überwunden hatte, sondern die Judy, die er sah.

Als Jesus fertig war, öffnete der Vater die Augen und sagte zu mir: „Ich habe dich gerade durch die Augen der Liebe gesehen."

Sieht er uns nicht alle auf diese Art und Weise? Ist es nicht merkwürdig, dass wir nicht wegen allem zu ihm laufen, weil wir fürchten, dass er das Schlechte sehen wird? Er sieht uns nur durch die Augen der Liebe unseres wundervollen und majestätischen Herrn Jesus.

Gulliver

An einem anderen Tag nahm mich Jesus an der Hand und wir spazierten durch den Wald. Wir gingen einige Stufen hinunter und kamen zu einem kleinen Dorf. Nun, wenn ich „kleines Dorf" sage, dann meine ich damit ein Miniatur-Spielzeugdorf, sogar mit vollständig reetgedeckten Häuschen wie in einem altmodischen englischen Dorf. Es gab kleine Geschäfte an der Hauptstraße und viele kleine Leute, die ihrer Arbeit nachgingen.

Dort, in der Mitte des Marktplatzes, war der Heilige Geist. Er lag auf dem Boden und war mit kurzen Stricken gefesselt, die die Menschen ihm angelegt hatten, um ihn gefangen zu halten. Er sah aus wie Gulliver aus Jonathan Swifts *Gullivers Reisen*. Mit einem breiten Lächeln auf dem Gesicht hob er seine

Hand, sodass die Stricke rissen und zu Boden fielen, als wären sie nur Baumwollfäden. Die Leute eilten schnell, um die Seile wieder festzuschnüren und ihn wieder zu fesseln. Ich hörte sie sagen: „O nein, o nein! Er ist frei! Wir müssen ihn wieder festbinden.“ Dann befreite er seine andere Hand und Menschen liefen herum und versuchten, ihn wieder zu fesseln.

Schließlich stand er auf, zeriss die Stricke und schüttelte sie mit Leichtigkeit ab. Dann hockte er sich hin und sagte zu den Leuten: „Hallo. Ich bin der Heilige Geist, und ich werde mich nicht mehr von euch fesseln lassen.“

Ich lachte wie verrückt. Ist es nicht das, was wir „kleinen Leute“ tun? Wir denken, wir könnten den Heiligen Geist festbinden und unter Kontrolle halten. Das ist echt ein Witz!

Im Inneren des Herzens des Vaters

Dann begannen Jesus, der Heilige Geist und ich Hand in Hand die Stufen wieder hinaufzusteigen. Wir gingen eine Weile und mir fiel auf, dass ich den Vater nicht sehen konnte. Ich fragte Jesus, wo er sei. Jesus sagte, ich solle mich umdrehen. Ich sah hinter mich, und da war er. Er war *riesig!* Ich fing an, auf seinen Schoß zu klettern und dann weiter seine Brust hoch. Schließlich ruhte ich mich in einer Falte seines Gewandes aus. Ich wusste, dass ich mich neben seinem Herzen befand, weil ich hören konnte, wie es schlug. „Lie-be, Lie-be, Lie-be“ klang es in meinen Ohren. Dann schlief ich eine Weile, weil ich so müde vom vielen Klettern war.

Als ich wach wurde, hielt mir der Vater seine rechte Hand hin und ich kletterte hinein. Mir ist klar, dass der nächste Teil sehr seltsam klingt, aber ich beschreibe alles genau so, wie ich es sah. Der Vater warf mich wie eine Tablette in den Mund und schluckte mich runter! Ich bewegte mich schnell vorwärts und landete in seinem Herzen. Ich stand auf der einen Seite und beobachtete, wie Zellen wellenartig aus seinem Herzen hinaus- und hineinströmten. Jede Zelle war mit dem Wort LIEBE markiert. Ich ließ meinen Blick durch das Herz schweifen und sah

Leute, die ich kannte. Ich winkte ihnen zu und sie winkten zurück. Ich sah sogar meine beiden Söhne. Sie waren in den hinteren Nischen seines Herzens, in den Schatten, da sie damals nicht mit Gott lebten. Sie stimmten nicht in unsere Freude ein, im Herzen Gottes zu sein. Sie waren sehr steif, aber sie waren da. Jeder ist im Herzen Gottes, weil er jeden liebt, aber nicht jeder macht mit, und diejenigen, die nicht mitmachen, haben keine Freude.

Ich machte mir Sorgen, als ich Bill Johnson und seine Frau Beni nicht sah. *Vielleicht ist diese Vision nicht vom Herrn*, zweifelte ich. Aber gerade in dem Moment kamen die beiden auf einer der „Liebeszellen-Wellen“ hereingeritten. Sie ritten die Liebeszellen wie ein Pferd. Pastor Bill trug sogar einen Cowboyhut. Sie hatten sich bereits umgeschaut und forderten mich und einige andere Freunde auf, mit ihnen zu kommen, damit sie uns zeigen konnten, was sie gesehen hatten. Jeder von uns sprang auf eine Liebeszelle und machte sich auf, ihnen zu folgen. Sie führten uns durch Gottes Kehle, damit wir hören konnten, wie seine Stimme klang. Dann ging es hoch zu seinen Augen, wo wir anhielten. Wir konnten zu seinen Augen hinaufsteigen und wie aus einem Aussichtsturm hinausschauen.

Als ich durch seine Augen hinaussah, dachte ich: *Schau dir das an. Die Ernte ist wirklich reif und bereit, eingefahren zu werden. Es gibt einige Arbeiter da draußen, aber nicht annähernd genug. Einige von denen, die gerade geerntet werden, werden selbst zu Erntearbeitern.*

Dann stiegen wir wieder auf unsere Liebeszellen und steuerten auf das Gehirn des Vaters zu. Sein Gehirn hatte elektrische Ladungen, die durch alle Synapsen verliefen. Jede elektrische Ladung ließ das Wort LIEBE wie eine pinkfarbene Leuchtschrift aufleuchten. Hunderttausende von pinkfarbenen Strahlen der LIEBE leuchteten auf und erloschen wieder. Es war eine unglaubliche Lichtershow.

Als Nächstes ging es weiter zu seinen Händen, wo wir sehen konnten, wie er Dinge tut. Dann machten wir uns auf den Weg zu seinen Füßen, um sehen zu können, wohin er ging. Schließlich kehrten wir zu seinem Herzen zurück.

Als er mich verschluckte, hatte ich keine Angst, weil ich wusste, dass er mich nicht zerkauen oder ausspucken würde.

Kapitel 21

Zur innigen Gemeinschaft mit Gott zurückfinden

Der Dschungel

Danach fand ich mich bei meinem Vater, Jesus und dem Heiligen Geist im Garten wieder. Sie redeten, doch verstand ich nicht, was sie sagten. Deshalb wurde mir ein wenig langweilig. Ich bemerkte ein dschungelartiges Gebiet in der Nähe. Ein Weg führte auf das Gebiet zu, und so entschloss ich mich, es zu erkunden. Nach einer Weile wurde der Weg finsterer, da die Bäume, Schlingpflanzen und sonstigen Pflanzen sehr dicht wurden. Dann kam ich zu einer Lichtung. Plötzlich sprang ein Säbelzahntiger heraus und brüllte mit gefletschten Zähnen. Ich stand ganz still da, während der Tiger weiterhin fauchte.

Ich wollte gerade nach Jesus und dem Heiligen Geist rufen, doch gerade als ich meinen Mund öffnete, fauchte der Tiger lauter und bewegte sich auf mich zu. Ich verstummte. Meine Angst war so groß, dass ich mich nicht mehr von der Stelle bewegte. Ich fragte mich: *Wie kann ich mich nur aus dieser Patsche befreien?* Ich kam zu dem Schluss, dass ich nichts zu befürchten hatte, selbst wenn der Tiger mich fressen würde. Dieser Dschungel befand sich in Gottes Garten. Das bedeutete, dass ich vor jeglicher Gefahr geschützt war. Als ich einen Schritt machte, um mich zu entfernen, stürzte sich der Tiger auf mich. Doch ich war von einem Schutzschild umgeben. Der Tiger schlug gegen den Schild, prallte ab und lief davon. Daraufhin beschloss ich, tiefer in den Dschungel zu laufen.

Als Nächstes duckte ich mich unter einem tief hängenden Ast hindurch. Auf dem Ast war eine riesengroße Schlange, die mir ihren Kopf geradewegs entgegenstreckte und anfing zu zischen. Sie hatte einen riesigen Kopf, der so groß war wie meiner. Sie hätte mich in einem Zug verschlingen können. Ich stand ganz still. Und wieder: Sobald ich meinen Mund aufmachte, um nach Hilfe zu rufen, begann die Schlange ihren Mund zu öffnen und kroch näher an meinen Kopf. Da ich das Gleiche bereits mit dem Tiger durchgemacht hatte, begann ich mich abermals zu entfernen. Genau wie bei dem Tiger hielt der Schutzschild die Schlange ab. Sie schlug ihren Kopf gegen den Schild, prallte ab und kroch davon.

Dann kam ich zu einer Lichtung. Dort saß eine Person. Anfangs dachte ich, es sei mein Jesus. Also rannte ich zu ihm hin, fiel ihm zu Füßen und legte meinen Kopf auf seinen Schoß. Aber sobald mein Kopf auf seinem Schoß ruhte, wusste ich, dass es nicht Jesus war. Es war eine Person aus Stein, eine Statue. Ich schaute auf das Gesicht der Statue. Sie hatte eine Steinträne auf ihrer steinernen Wange. Ich stand auf und wollte den Weg zurückgehen, den ich gekommen war, konnte ihn aber nicht finden. Stattdessen sah ich einen anderen Weg, der zu einer Höhle führte. Als ich auf die Höhle zuging, kam ein riesiger schwarzer Bär auf allen Vieren auf mich zu. Wieder einmal wusste ich, was zu tun war. Ich drehte mich um und rannte zurück in Richtung der Lichtung.

Auf dem Rückweg hielt ich an, um mich auf einen neben dem Weg liegenden Baumstamm zu setzen und Luft zu holen. *Wenn ich nur eine Karte hätte,* dachte ich. *Dann wäre ich in der Lage, meinen Weg hier raus zu finden.* In diesem Moment blickte ich nach unten und sah eine Karte vor meinen Füßen liegen. Schnell sah ich mich um. Jemand musste sie erst vor wenigen Augenblicken dort liegen gelassen haben, weil sie nicht dort gewesen war, als ich mich hingesetzt hatte. Aber in der unmittelbaren Umgebung konnte ich überhaupt niemanden sehen. Also öffnete ich die Karte und begann, sie zu studieren. Die Karte zeigte den Ort mit dem Tiger und den mit der Schlange, die Lichtung mit der Statue, die Bärenhöhle und den Weg, der mich aus dem Dschungel herausführte. Nach einem Blick auf die Karte wurde mir klar, dass ich auf die Lichtung, auf der die Statue saß, zurückkehren musste.

Das tat ich. Als ich auf der Lichtung ankam, erwachte die Statue zum Leben und begann mich gellend anzuschreien. Dann stand sie auf und kam auf mich zu. Ich wusste, dass die Statue wollte, dass ich im Dschungel blieb. Und ich spürte, dass sie, wenn sie zu mir kam, versuchen würde, mich zurückzuhalten. Sie ging sehr langsam. Schwerfällig setzte sie einen Fuß vor den anderen. Ich hatte Angst. Deshalb fing ich an, auf den Weg zuzurennen, der mich von dort herausführte, aber meine Füße und Beine fühlten sich an wie Blei. Plötzlich war ich sehr müde. Ich lief weiter, aber je mehr ich mit meinen Füßen und Beinen kämpfte, desto müder wurde ich. Der Wunsch, mich hinzulegen, war beinahe überwältigend. Ich fing an, meine Beine mit meinen Händen hochzuheben, rechts, links, rechts, während die klagende Statue mich weiter verfolgte.

Raus aus dem Dschungel

Als ich es endlich geschafft hatte, dem Dschungel zu entkommen, warteten der Vater, Jesus und der Heilige Geist auf mich. Ich lief zu meinem Vater, setzte mich auf seinen Schoß und weinte. Ich war sehr aufgebracht. Jesus setzte sich zu uns und wischte die Tränen von meinen Wangen. Als ich mich endlich beruhigt hatte, kam auch der Heilige Geist dazu und streckte mir seine Hand entgegen. Ich nahm seine Hand und er führte mich zu einer Bank, auf die wir uns setzten.

Ich fragte ihn, warum dies alles geschehen war. Er antwortete: „Du hast uns nie wegen des Dschungels gefragt. Du bist einfach auf eigene Faust losgezogen."

Dann fragte ich ihn wegen der Statue: „Wen hat sie verkörpert, und warum hat sie mich gejagt?"

Er sagte, dass es jemand war, der wie ich in den Dschungel gegangen war, aber nie wieder den Weg zurückgefunden hatte. Ich fragte ihn, ob er mich dort zurückgelassen hätte. Er lächelte und sagte: „Wer hat deiner Meinung nach die Karte dort liegen lassen? Ich gebe jedem eine Karte, aber einige entscheiden sich, sie nicht anzuschauen."

Zurück im Dschungel

Einige Tage später war ich wieder an der gleichen Stelle im Dschungel. Ich hatte Mitleid mit der Statue aus Stein und fragte deshalb den Vater, ob ich zurückgehen und der Statue helfen könne, aus dem Dschungel zu gelangen. Er antwortete: „Ja", und gab mir ein riesiges, golden-silbernes Schwert in die Hand. Längs der Klinge stand das Wort LIEBE.

Auf dem Weg zurück in den Dschungel begann ich mich plötzlich zu fürchten und hielt etwa auf halbem Wege an. *Was passiert, wenn ich mich in dem Dschungel wieder verlaufe und nicht mehr herausfinde?* Da beugte sich der Heilige Geist, von dem ich nicht wusste, dass er mir gefolgt war, über meine Schulter und flüsterte mir ins Ohr: „Dieses Mal wurdest du gesendet, und ich gehe mit dir." Diese Tatsache erfüllte mich sofort mit Zuversicht und Selbstvertrauen. Mutig betrat ich die Lichtung, weil ich den Heiligen Geist mit mir wusste.

Als die Statue mich sah, stand sie auf und begann wieder zu klagen, als sie auf mich zukam. Ich hob das Schwert über meinen Kopf. Sobald die Statue in meine Nähe kam, stieß ich ihr das Schwert direkt ins Herz. Die Statue hielt sofort an und regte sich nicht mehr von der Stelle. Dann fiel ein Stück Stein von ihrer Wange herunter und ich konnte Fleisch darunter erkennen. Bald begannen weitere Steinstücke herunterzufallen, bis darunter eine Frau sichtbar wurde. Ich deutete auf den Weg, der aus dem Dschungel herausführte, und sagte zu ihr: „Lauf, lauf schnell! Raus hier!" Dann sah ich zu, wie sie in die Arme des Vaters und von Jesus lief. Ich war überglücklich, dass ich geholfen hatte, einen Gefangenen zu befreien.

Tanz mit mir

Dann konnte ich aus dem Augenwinkel eine Bewegung erkennen. Als ich mich umdrehte, sah ich eine ganze Reihe von Statuen auf mich zukommen. Ich hatte sie vorher nicht gesehen. Wo hatten sie nur gesteckt? Ich wusste, dass ich nicht mit allen fertig werden konnte, und begann mich erneut zu fürchten. In diesem Moment beugte sich der Heilige Geist vor und sagte: „Tanz mit mir."

Ich dachte mir: *Was? Tanzen? Diese Statuen sind hinter mir her und er möchte, dass ich tanze?*

Noch einmal sagte er es: „Tanz mit mir."

Also dachte ich: *Also gut. Was habe ich schon zu verlieren?*

Ich hielt das Schwert immer noch, nur dass sich nun die Hand des Heiligen Geistes mit meiner Hand am Schwert verband. Als wir anfingen zu tanzen, arrangierte der Heilige Geist unsere Schritte so, dass ich jeder Statue problemlos ins Herz stechen konnte. Wir tanzten umher, bis wir alle Statuen niedergestochen hatten. Einmal gelang es einer der Statuen beinahe, mich zu packen, aber der Heilige Geist wirbelte mich aus der Gefahrenzone heraus und brachte mich in die richtige Stellung, um der Statue mitten ins Herz zu stechen. War eine Statue niedergestochen, fiel der Stein von ihr ab, und die Person, die sich darunter befand, rannte aus dem Dschungel hinaus. Als alle Statuen erledigt waren, verließen der Heilige Geist und ich ebenfalls wieder den Dschungel.

Als wir aus dem Dschungel kamen, ging ich auf die erste Person zu, die aus dem Stein befreit worden war. Ich fragte sie, warum sie und die anderen nicht sehen konnten, dass sie in steinerne Statuen verwandelt worden waren. Sie sagte, der Grund sei, dass sich alle Statuen ähnlich gesehen hätten. Daher hatten sie gedacht, sie seien normal. Als ich auf die Lichtung kam, sahen sie, dass ich ganz anders war, und das machte ihnen Angst. Sie wollten mich packen und mich genau wie sie machen, damit ich bei ihnen bleiben und ihnen Gesellschaft leisten würde.

Einige Zeit später teilte ich diese Vision einer Freundin mit. Sie rief mich später an und sagte, sie habe das Gefühl, die Statue zu sein. Sie wollte raus, wusste aber nicht, wo sich ihre Karte befand. Als ich später für sie betete, führte mich der Herr zu einer Bibelstelle. Ich weiß nun nicht, welche Karte Sie benötigen, aber zögern Sie nicht, diese Stelle, die ich meiner Freundin gab, auf sich anzuwenden:

Denn ich kenne ja die Gedanken, die ich über euch denke, spricht der HERR, Gedanken des Friedens und nicht zum Unheil, um euch Zukunft und Hoffnung zu gewähren. Ruft ihr mich an, geht ihr hin und betet zu mir, dann werde ich auf euch hören. Und sucht ihr mich, so werdet ihr mich finden, ja, fragt ihr mit eurem ganzen Herzen nach mir (Jer 29,11-13).

Der Obstgarten

An einem anderen Tag führte mich Jesus zu einem Obstgarten, dessen Bäume mit Früchten überhäuft waren. In der Mitte des Obstgartens lag eine rot-weiß-karierte Tischdecke auf dem Boden. Jesus forderte mich auf, mich auf die Tischdecke zu setzen. Dann ging er zu einem Baum hin, nahm ein Stück Obst, das ähnlich wie ein Pfirsich aussah, und brachte es mir. Ich hatte ein kleines Messer dabei und zerteilte die Frucht in vier Teile. Dann löste ich jedes Teil vom Kern ab und aß es. Es war süß und schmeckte sehr gut. Als ich fertig war, sagte er zu mir, ich solle den Kern aufschneiden. Das tat ich und aus dem Kern kam ein Käfer heraus, der aussah wie ein Ohrwurm (Ohrenkneifer). Dieser Käfer hatte den Samen, der im Kern war, gefressen.

Jesus sagte mir, dass der Käfer in den Kern gelangt war, ohne die Frucht zu beschädigen und dass niemand wusste, dass er dort war. Die Frucht schmeckte immer noch süß, aber der Teil der Frucht, der sich reproduzieren konnte – der Samen – war zerstört worden. Er forderte mich auf, die Samen mit allem, was mir zur Verfügung stand, zu beschützen. Er bat mich, alles Erdenkliche zu tun, um sicherzustellen, dass das Saatgut nicht zerstört würde. Ich fragte ihn, was das Saatgut darstellte, und er antwortete: „Es ist deine Liebe für mich." Fragen Sie sich, was die Käfer verkörpern? Das tat ich auch. Die Käfer standen für die Fallstricke dieser Welt – Dinge wie Angst, Unversöhnlichkeit und Bitterkeit.

Wir saßen eine Weile da und freuten uns einfach aneinander und an unserer gemeinsamen Zeit. Dann kam ein sanfter Wind auf, der schließlich immer stärker wurde. Ich war mir bisher nicht irgendeines Wetters an diesem Ort bewusst gewesen, weshalb ich es seltsam fand. Der Wind nahm beständig zu. Ich sah zu Jesus hoch, aber der schien unbekümmert. Er sah meine Sorge und zog mich hoch auf seinen Schoß. Früchte begannen von den Bäumen zu fallen, aber er schien immer noch nicht besorgt zu sein. Dann sah ich, dass es die schlechte Frucht war, die herunterfiel, und es ging mir wieder besser. Ich fragte ihn, woher der Wind kam, und er sagte, ich solle mich umschauen. Ich richtete mich auf und spähte über seine Schulter. Dort am Rande des Obstgartens war der Vater am Pusten. Jesus sagte mir: „Es ist der Atem Gottes. Er schlägt die schlechten Früchte von den Bäumen, sodass die guten Früchte größer werden können."

Ich musste lachen. Ich stand auf und fing an, im Obstgarten im Atem Gottes umherzulaufen. Ich war etwa vier oder fünf Bäume von Jesus entfernt, als ich zurückschaute und sah, dass er dort stand und zu mir her schaute. Ich lief auf ihn zu und warf mich in seine Arme. Er hielt mich fest und wir fingen an zu tanzen. Dann sagte er: „Ich habe gehört, dass du und der Heilige Geist für unseren Hochzeitstag Tanzen geübt habt. Du musst nur noch ein klein wenig reifer werden, bis du so weit bist."

Ich erwiderte: „Jesus, mein Jesus, wenn ich irgendetwas tun kann, den Tag, an dem wir zusammen sein können, schneller herbeizuführen, bitte sag es mir. Ich sehne mich danach, bei dir zu sein."

Und er antwortete: „Genauso wie ich mich danach sehne, mit dir zusammen zu sein."

KAPITEL 22

Segen und andere Gartenerfahrungen

Eines Tages rief der Vater Jesus herbei und bat ihn, mir sein Lagerhaus zu zeigen. Wir überquerten den Fluss, der Gottes Herrlichkeit darstelle, und da sah ich ein riesengroßes Lagerhaus. Als wir durch die gewaltigen Türen dieses höhlenartigen Gebäudes gingen, sah ich auf beiden Seiten des Gebäudes riesige Behälter. In jedem der Behälter türmten sich Abertausende Segnungen übereinander. Jede Segnung wurde durch eine Kugel verkörpert, die etwa so groß wie eine Orange war. Die Kugeln hatten verschiedene Farben und repräsentierten verschiedene Segensarten. Es gab finanziellen Segen und Heilungssegen, einschließlich körperlicher, emotionaler, geistiger und geistlicher Heilung. Auch Freude und Frieden befanden sich in den Behältern – genug für alle. Mir fielen außerdem unterschiedliche Begabungen und Talente auf, die sich hoch auftürmten und viel zu zahlreich waren, um sie hier aufzuführen. Die Farben waren eindrucksvoll und es schien, als hätte kein Segen die gleiche Farbe wie ein anderer.

Jeder Behälter hatte eine Rutsche, die die Segnungen auf ein Förderband gleiten ließ, das durch die Mitte des Gebäudes führte. Dieses Förderband hatte etwa 15 cm hohe Seitenwände. Die Segnungen stapelten sich auf dem Förderband, weil sich das Band nicht bewegte. Ich lief die gesamte Strecke bis zum Ende des Gebäudes ab, um zu sehen, wo das Band endete. Am hinteren Ende des Gebäudes befand sich eine große Öffnung. Dort endete auch das Band und eine Rutsche führte hinunter zur Erde. Ich sah, dass einige der Segnungen von dem Ende herunterfielen, weil das Förderband so voll war.

Aber es gab noch viel mehr Segnungen, die nur darauf warteten, dass das Förderband anfangen würde, sich zu bewegen.

Jesus stand am gleichen Ende des Gebäudes und hatte seine Hand auf dem Schalter, der das regungslose Förderband in Bewegung setzen sollte. Ich fragte ihn, wann er es einschalten würde, und er sagte: „Sobald der Vater es mir sagt." Ich rannte aus der Tür und zu meinem Vater hinüber, kletterte auf seinen Schoß und fragte ihn, wann er Jesus bitten würde, das Förderband anzuschalten. Er sagte: „Bald, sehr bald."

Das Kästchen

An einem anderen Tag gingen wir zurück an den Ort, an dem der Heilige Geist mir die kreativen Gegenstände und die Sockel gezeigt hatte. Er reichte mir ein schönes würfelförmiges Holzkästchen, das eine Kantenlänge von etwa 10 cm hatte, und bat mich, es zu öffnen. Ich suchte und suchte, konnte aber keine Stelle finden, an der ich es öffnen konnte. Ich sah hoch und sagte: „Ich kann sie nicht öffnen." Er antwortete: „Doch, du kannst."

Ich fuhr fort, nach der Öffnung des Kästchens zu suchen und ließ meine Finger über die Oberfläche gleiten, um zu sehen, ob es einen Spalt gab, den ich übersehen hatte. Schließlich wurde ich ungeduldig. Ich schaute auf das Kästchen und redete frustriert auf es ein: „Komm schon, öffne dich!" Und das tat es. Nun, ich dachte, dass es sich auf einer der Seiten öffnen würde, aber es öffnete sich genau in der Mitte, wo es keine Fuge gab, so wie bei einem aufbrechenden Ei.

Für das, was als Nächstes passierte, braucht man etwas Fantasie, weil es schwer zu beschreiben ist. Das Kästchen öffnete sich und hatte eine etwa fünf Zentimeter breite Umrandung. Es sah aus wie ein Kästchen mit Scharnieren auf einer Seite, doch es gab keine Scharniere. Was sich im Inneren befand, schien eine Staubflocke zu sein. Das verwirrte mich. Warum sollte mein Vater eine Staubflocke, oder, wie meine

Tochter sagen würde, eine „Wollmaus“ in diesem schönen Kästchen aufbewahren?

Ich stellte das Kästchen auf den Sockel und sofort klappten alle hochstehenden Seiten herunter. Die Seiten entfalteten sich mehr und mehr in alle Richtungen. Das Kästchen wurde dadurch sehr groß und ich dachte, es könnte Dinge umstoßen, die sich in seiner Nähe befanden. Ich stand vor ihm und streckte meine Hände aus, damit es sich nur in eine bestimmte Richtung ausdehnen konnte. Der Vater tippte sanft auf meine Schulter. Als ich zu ihm hoch blickte, sagte er: „Halte es nicht auf.“ Er sagte es mit Staunen und Begeisterung über das, was daraus wurde. Er wollte nicht, dass ich sein Wachstum und seine Ausbreitung behinderte.

Ich stand neben dem Vater und beobachtete, wie es sich immer weiter entfaltete. Dann sah ich, dass die Staubflocke in der Mitte des Kästchens sich ebenfalls ausdehnte. Sie bewegte sich und dehnte sich in alle Richtungen aus. Das erinnerte mich an einen Disney-Zeichentrickfilm, den ich einmal gesehen hatte. Er handelte von einem Atom mit den vielen kleinen Elektronen, die schnell um den Kern kreisten. Die Seiten des Kästchens hörten endlich auf herunterzuklappen und ich wandte mich wieder der Staubflocke zu. Mit Staunen musste ich feststellen, dass sich die winzige Staubflocke in einen wunderschönen tropischen Garten mit Bäumen, Pflanzen und Blumen verwandelt hatte. Mann, war der wunderschön!

Der Vater nahm meine Hand und wir flogen hoch, dann über den Garten und schließlich hinunter in ihn. Als wir einen der Bäume passierten, streiften die Blätter der Zweige mein Gesicht. Es war das weichste, sanfteste, friedlichste und schönste Gefühl, das man sich vorstellen kann. Dass ein Baum sich so anfühlen konnte, war unglaublich!

Der Vater und ich saßen zusammen in diesem Garten. Er fing an, mit mir über das Kästchen und den Garten zu sprechen. Er sagte, ich dürfe seine Werke niemals aufhalten. Ich war so besorgt gewesen, das Kästchen könne etwas umstoßen, dass ich seine Entfaltung beinahe verhindert hätte. Wenn er uns etwas gibt, mag es zunächst nicht nach viel aussehen. Wir mögen auch nicht in der Lage sein, zu sagen, um was es sich handelt. Doch wenn wir einfach tun, was er sagt, wird es sich uns entfalten. Daraufhin sagte er, das, was er beginne, erscheine uns möglicherweise nicht sehr wertvoll oder gut (die Staubflocke), doch er könne die kleinsten, unscheinbarsten Dinge gebrauchen und Wunder durch sie hervorbringen.

Ich weiß noch, wie die Leute im Jahr 1994, zu Beginn des Toronto-Segens, sehr beunruhigt waren. Sie hatten Angst, die Kontrolle zu verlieren. Vielleicht würden ja einige ihrer kostbaren Traditionen (in der Regel menschengemachte Traditionen) vom Sockel gestoßen werden. Manchmal sehen wir etwas, das Gott beginnt, als „Staubflocke" an, als etwas von geringem Wert. Viele Menschen glaubten nicht, dass die Freude und das Lachen sehr wertvoll waren. Aber wenn wir Gottes Plan (Staubflocke) sich entfalten lassen, wird es zu etwas werden, was von unendlichem Wert ist.

Die Flaschengalaxie

Einmal nahm mich der Vater wieder mit zu dem Ort, an dem er schöpferisch tätig ist. Als ich mich dort umsah, sagte er zu mir: „Du kannst gehen, wohin du willst." Ich entdeckte eine sehr interessante Flasche auf einem der Sockel. Die Flasche hatte die Form eines Flaschenkürbisses; sie war etwa 30 cm groß und anscheinend aus einem sich bewegenden, blickdichten Glas aus schönen Blau- und Grüntönen gemacht. Als ich die Flasche hochheben wollte, schien sie zu schwer. Ich sagte dem Vater, ich könne sie aufgrund ihres Gewichts nicht hochheben. Er erwiderte: „Doch, du kannst." Also versuchte ich es noch einmal, aber sie ließ sich immer noch nicht von der Stelle bewegen.

Wieder wandte ich mich an den Vater und sagte ihm noch einmal, dass sie zu schwer sei. Dieses Mal sagte er: „Doch, du kannst es. Glaube nur." Ich dachte einen Moment nach und sagte mir dann: *Also gut, ich werde mir vorstellen, dass sie so leicht ist wie eine Feder.* Als ich noch einmal nach ihr griff, um sie aufzuheben, schwebte sie beinahe in meinen Händen, wie eine Feder.

Der Verschluss der Flasche war sehr seltsam. Er ließ sich leicht öffnen, als hätte er ein Scharnier, ich konnte aber kein Scharnier oder eine Halterung an der Flasche erkennen. Der Deckel ließ sich drehen und etwas öffnen, doch ging er nicht ab; er saß fast wie ein Magnet auf der Flasche. Das faszinierte mich und ich verbrachte viel Zeit damit, herauszufinden, wie der Deckel mit der Flasche verbunden war. Nach einiger Zeit schaute ich schließlich in die Flasche und machte eine unglaubliche Entdeckung. Innerhalb dieser Flasche befand sich eine ganze Galaxie! Es war kein Bild und auch kein Modell, sondern eine echte Galaxie. Als ich in die Flasche schaute, sah ich, dass sich die Galaxie langsam drehte. Das Erstaunliche war, dass das Innere der Flasche größer war als ihre äußere Erscheinung. Das Innere der Flasche erstreckte sich endlos. Aber wenn ich auf das Äußere der Flasche sah, wirkte sie, als ob in ihr nur sehr wenig Platz wäre. Es war irre.

Ich fing an mich zu fragen, ob der Vater unsere Galaxie in einer Flasche aufbewahrte. Also drehte ich mich um und fragte ihn, während ich auf das Innere der Flasche deutete: „Gibt es Leute da drin?“

In einem spielerischen Ton, den Eltern verwenden, wenn ihre Kinder alberne Fragen stellen, antwortete er: „Nein, ich bewahre mein Volk nicht in Flaschen auf.“

Puh! War ich vielleicht erleichtert, dass ich nicht in einer Flasche auf irgendeinem himmlischen Regal feststecke! Dann fragte ich ihn, ob ich meinen Finger in die Flasche stecken könnte.

Er sagte: „Neiiiiiiin.“ Und ich erkannte, was mit all den Planeten und Sternen passieren könnte, wenn ich meinen Finger in die Flasche stecken und anfangen würde, Dinge zu bewegen.

Dazu kommt mir ein Bibelvers in den Sinn: *„Urteilt nicht nach dem äußeren Schein, sondern bemüht euch um ein gerechtes Urteil!“* (Joh 7,24).

Wir sollten niemals aufgrund der äußeren Erscheinung einer Sache ein Urteil fällen, nicht einmal, wenn es sich nur um eine Flasche handelt!

Färbe meinen Garten

Unser Gott liebt Gärten. Er hat eine ganze Menge davon und genießt es, sie uns stolz vorzuzeigen. Er hat sogar für jeden von uns einen Garten geschaffen, in den wir kommen dürfen. Es ist ein Ort der Gemeinschaft mit ihm, genauso wie er mit Adam und Eva durch den Garten Eden spazierte. Ich habe so viele verschiedene Gärten auf meinen Reisen mit ihm gesehen. Jeder Garten ist ein bisschen anders, und in jedem von ihnen lerne ich ein wenig mehr über ihn. Lassen Sie mich Ihnen ein Beispiel geben:

Eines Tages führte mich der Herr zu einem schönen Garten. Da gab es ein entzückendes Bächlein, das in einen von Blumen umgebenen Teich floss. Ich konnte hören, wie das Wasser sanft über einige Felsen floss. Dieser Garten war überfüllt mit einer Vielzahl an verschiedenen Blumen in allen Formen und Größen. Doch interessanterweise hatten alle Blumen verschiedene Lavendeltöne. Als wir gemeinsam dort saßen und die Schönheit des Gartens betrachteten, fing ich an, über die Farbe Lavendel nachzudenken. Es ist eigentlich keine Farbe, zu der ich mich von Natur aus hingezogen fühle. Nicht, dass sie mir nicht gefallen würde, aber ich hatte sie immer als eine neutrale, unauffällige Farbe angesehen.

Deshalb fing ich an, darüber nachzudenken, warum der Herr diesen lavendelfarbenen Garten für mich gemacht hatte. Ich war mir sicher, dass er wusste, dass meine Lieblingsfarbe Rot war. Als ich darüber nachdachte, beugte er sich vor und sagte: „Möchtest du diesen Garten in Rot sehen?“

„Oh ja“, antwortete ich.

Sofort verfärbten sich die Blumen im Garten in verschiedene Rotschattierungen. Meine Güte! Es sah aus wie nach einer

Explosion. Der Garten sah immer noch schön aus, aber ziemlich krass.

Dann beugte er sich noch einmal vor und fragte: „Möchtest du ihn in Gelb sehen?" Natürlich sagte ich Ja. Augenblicklich verwandelte sich alles Rot in verschiedene Gelbtöne. Wow! Es war unglaublich hell. Dann beugte er sich vor und fragte mich noch einmal, dieses Mal, ob ich ihn gern in Grün sehen würde. Ich stimmte zu. Augenblicklich verwandelte sich das Gelb in verschiedene Grünschattierungen. Das Grün war auch sehr anziehend, aber nichts war so friedlich wie lavendel. Bei diesem Gedanken verwandelte sich der Garten sofort zurück in Lavendelfarben. Ich lachte laut auf. Obwohl meine Lieblingsfarbe Rot war, wusste er, dass eine Farbe, die ich nur selten bemerkte, jene war, die mir in dieser Umgebung am meisten Frieden und Freude bringen würde. Folglich war die Lektion, die ich an diesem Tag lernte: *Gott weiß es am besten*.

Mit meinem Schöpfer sitzend

Einmal, als ich durch einen anderen Garten spazierte, traf ich den Vater, der gerade neben seinem Thron stand. Ich hatte seinen Thron bereits zuvor gesehen, hatte ihm aber aus irgendeinem Grund nicht viel Aufmerksamkeit gewidmet. Jetzt konnte ich sehen, dass der Thron wunderschön war. Er war nicht golden, sondern bestand stattdessen aus der Materie des Himmels. Es sah wie geformtes Licht aus. Dann rief er mich zu sich, legte seine Hand auf den Sitz und sagte: „Setz dich."

Ich schaute zu ihm hoch und sagte: „Oh nein, ich kann dort nicht sitzen. Das ist dein Thron."

Er lächelte und forderte mich noch einmal auf, mich auf den Thron zu setzen. Ich stand vor dem Thron und legte meine Hand auf ihn. Doch meine Hand fiel durch den Sitz, als ob dieser nur aus Nebel bestünde und keine Substanz hätte. Ich zog meine Hand schnell zurück, schaute wieder zum Vater hoch und sagte: „Ich kann mich da nicht hinsetzen. Ich werde hindurchfallen!" Wieder lächelte er nur und sagte, ich solle mich auf den Thron setzen.

Vorsichtig legte ich mein kleines Knie auf den Sitz. Dann kletterte ich behutsam hinauf, weil ich dachte, dass ich jeden Moment durch den Sitz fallen würde. Ich lehnte mich zurück und streckte meine Beine geradeaus, weil der Thron so groß war. Ich legte meine Hand auf mein Bein, doch meine Hand „fiel" durch mein Bein und mitten durch den Stuhl. Also zog ich meine Hand schnell an meine Brust. Ich verstand nicht alle Dynamiken dieser himmlischen Visionen. Ich dachte dann, ich müsse Geist sein – und könne deshalb „materiell", aber genauso auch „nicht-materiell" sein. Nachdem Jesus auferstanden war, war er Geist. Er ging durch eine Wand, und doch konnten die Jünger ihn auch anfassen und fühlen. Schon wieder ein Geheimnis!

Das Bild in der Wand

Dann zeigte der Vater auf etwas, das sich vor uns befand und wie eine schwarze vulkansteinerne Wand aussah. Glatt war diese Wand allerdings nicht. Wie bei einem Ring aus Diamanten hatte sie verschiedene Facetten, die alle verschiedene Farben hatten. Plötzlich hörte ich ein Klicken. Vor meinen Augen drehten sich zwei Facetten in der oberen rechten Ecke der Wand und wurden zu einer Facette. Dann hörte ich es wieder klicken und sah, wie sich weitere Facetten der Wand vereinten.

Mit dem Gedanken, dass der Vater mir das vielleicht erklären wollte, schaute ich ihn an. Oh! Sie hätten die Freude auf seinem Gesicht sehen sollen. Er war so aufgeregt, all die kleinen Facetten zu beobachten, während sie sich zusammenfügten. Er schaute mich an und bat mich, zuzuschauen. Ich drehte mich um und schaute ein paar Minuten lang zu. Doch es war vielmehr sein Ausdruck der Freude, der mich in seinem Bann hielt. Deshalb rutschte ich auf dem Thronsitz ein Stückchen zurück, um ein wenig Abstand von ihm zu haben und ihn besser sehen zu können. Er drehte sich wieder zu mir und warf mir einen Blick zu, der sagte: „Bitte schau hin." Ich beschloss, dass ich besser seiner Bitte folge. Als ich wieder auf die Wand sah, wurde mir bewusst, dass sich die Farbteilchen jeder Facette vereinten, um ein Bild zu formen.

Als alle Facetten an der Wand aufgehört hatten zu klicken, stellte die Wand ein großes Bild von einem schönen Garten dar. Meine Güte! Die Bäume, die Pflanzen, der Teich und der Bach waren atemberaubend schön. Da wurde mir bewusst, dass er das „Bild" nur für mich gemacht hatte. Er hatte es nur zu meinem Vergnügen geschaffen. Die Freude, die ich auf seinem Gesicht gesehen hatte, rührte daher, dass er etwas für eines seiner Kinder geschaffen hatte. Er war begeistert, dass er mit mir zusammen sein konnte, während ich entdeckte, was er getan hatte.

Während ich die Szene des Bildes bewunderte, fragte er mich, ob ich hineingehen wolle. Hineingehen? Natürlich sagte ich Ja. Er nahm mich an der Hand, wir stiegen vom Thron hinunter und gingen geradewegs auf das Bild zu. Wir hielten nicht an, sondern liefen direkt in den Garten. Was ich für ein flaches Bild hielt, war in Wirklichkeit ein echter Garten. Er liebt Gärten so sehr. Die Bäume und Pflanzen in diesem Garten waren äußerst ungewöhnlich. Die Farben waren anders als jegliche Farben, die ich je auf der Erde gesehen hatte. Eine derartige Schönheit ist schwer zu begreifen.

Dann gingen wir hinüber in die Nähe des Teiches und setzten uns. Ich setzte mich auf seinen Schoß und legte meinen Kopf auf seine Brust. Es war wohl so ähnlich wie bei Johannes, der seinen Kopf auf Jesus gelegt hatte. Ich ruhte mich dort aus und genoss einfach nur, bei ihm zu sein. Doch auf einmal hörte ich etwas und setzte mich auf, damit ich ihn anschauen konnte. Doch er ließ seinen Blick einfach nur in die Ferne schweifen. Ich legte meinen Kopf wieder auf ihn. Wieder hörte ich etwas. Ich setzte mich aufrecht hin und schaute ihn abermals an. Das wiederholte sich noch ein paar Mal, bis ich bemerkte, dass das, was ich hörte, sein Reden war. Ich setzte mich auf und sagte: „Du redest!"

Er lächelte und sagte: „Ja, ich rede immer. Die Frage ist: Hörst du zu?"

KAPITEL 23

Der Brunnen

Ich dachte über das Spielzeugdorf nach, in dem der Heilige Geist gefesselt war, und ich dachte daran, wie ich versucht hatte, das Wachstum des Kästchens mit der Staubflocke zu verhindern. Mir wurde bewusst, dass wir so oft die Neigung haben, Gottes Handeln steuern und kontrollieren zu wollen. Eines Tages lehrte mich Gott eine weitere Lektion zu diesem Thema, als ich folgenden Bibelvers las:

Denn zweifach Böses hat mein Volk begangen:
mich, die Quelle lebendigen Wassers,
haben sie verlassen,
um sich Zisternen auszuhauen,
rissige Zisternen,
die das Wasser nicht halten (Jer 2,13).

Gleich nachdem ich diesen Vers gelesen hatte, führte mich der Herr in eine Vision. Ich sah einen Brunnen, aus dem Wasser floss. Viele Leute hatten sich rund um den Brunnen versammelt. Sie tranken, spritzten mit Wasser und vergnügten sich. Ich bemerkte, dass die Strömung des Wassers gelegentlich stark war und zu anderen Zeiten abschwächte. Wenn die Strömung am Stärksten war, spritzte das Wasser sogar über die Ränder des Beckens, doch wenn das Wasser verebbte, tröpfelte es vor sich hin, füllte das Becken jedoch trotzdem. Die Leute bemerkten diese Veränderung der Strömung ebenfalls. Jemand sagte: „Lasst uns eine Zisterne bauen, um das Wasser aufzubewahren. Man kann nie wissen, der Brunnen könnte eines Tages aufhören zu fließen und dann hätten wir kein Wasser mehr. Außerdem ist es Verschwendung, wenn es über den Beckenrand fließt."

Deshalb entfernten sich einige Leute ein wenig von dem Brunnen und bauten eine Zisterne. Sie nahmen Eimer und fingen an, das Wasser aus dem Brunnen in die Zisterne zu befördern. Als die Zisterne gefüllt war, gingen sie ihrem Alltag nach und nahmen das Wasser aus der Zisterne, anstatt es aus dem Brunnen zu schöpfen.

Es gab jedoch ein Problem. Diese Zisterne war undicht, aber nur ganz unscheinbar. Deshalb bemerkten die Menschen nicht, dass sich der Wasserspiegel mit der Zeit senkte. Wenn neue Leute dazukamen, welche die volle Zisterne nicht gesehen hatten, dachten sie, sie hätte schon immer diesen Wasserspiegel gehabt. Nach langer Zeit gab es nur noch ein paar Wasserpfützen am Boden der Zisterne. Die Menschen mussten sich auf den Boden legen und in die Zisterne hinuntergreifen, um Wasser zu holen. Inzwischen war das Wasser abgestanden, aber die Leute bemerkten nicht einmal, dass das Wasser schlecht schmeckte. Sie waren abgestumpft und dachten nie darüber nach, woher sie das Wasser ursprünglich erhalten hatten.

Dann erinnerte sich endlich jemand an den Brunnen und begeisterte alle. Sie machten sich auf den Weg zurück zu dem Brunnen, der nicht weit entfernt war. Das Wasser floss immer noch und sie rannten zu ihm, tranken, bespritzten sich und hatten viel Spaß. Sie lebten erneut auf. Doch irgendwann begann der Kreislauf wieder von vorn. Einer sagte: „Lasst uns eine Zisterne bauen, um das Wasser aufzubewahren ..."

Dieser Bibelabschnitt und die Vision vermitteln uns ein Bild der Geschichte der Erweckung. Das Wasser stellt das Wirken des Heiligen Geistes dar. Da gibt es diejenigen, die die gleichen Dinge über das Wirken Gottes sagen, was die Menschen über den Brunnen gesagt haben. Als das Wasser überlief und auf den Boden floss, sagten die Leute, es würde verschwendet werden. Da sie die Auswirkungen des überlaufenden Wassers nicht sehen konnten, nahmen sie an, dass es unnötig oder vielleicht sogar gefährlich sei. Ohne Zweifel war es um den

Brunnen herum schlammig. Dreckig. Vielleicht würde das überschüssige Wasser auch noch dazu führen, dass um den Brunnen herum Unkraut wuchs.

Aber es ist Gott, der den Druck des Wassers bestimmt. Wir sollten uns nicht anmaßen, die Auswirkungen von Gottes Wirken vorzeitig zu beurteilen. Vielleicht wird das in den Boden sickernde Wasser zu einem Reservoir, das jemand in der Zukunft als Quelle nutzen kann. Vielleicht wird jemand vorbeikommen und mit dem Schlamm einem blinden Mann das Augenlicht zurückgeben. Was das Unkraut angeht: Was ist, wenn das, was wir für Unkraut halten, in Wirklichkeit eine schöne, blühende Pflanze ist? Ich weiß, dass ich Pflanzen gesehen habe, die zunächst wie Unkraut ausgesehen haben und sich dann als schöne Blumen entpuppten. Ich habe auch Pflanzen gesehen, die nach meinem Geschmack wirklich schön anzusehen waren, sich jedoch als Unkraut herausstellten, das die anderen Blumen überwucherte. Gott weiß es, und er lässt seinen Brunnen fließen, wie er möchte. Übrigens ist der Brunnen kein zirkulierender Brunnen. Das Wasser ist immer frisch. Es wird nicht wiederverwertet. Es handelt sich auch nicht um einen Tümpel. Das Wasser ist immer am Fließen. Wenn das Wasser steht, verliert es seinen Sauerstoff ... den Atem Gottes. Es muss fließen dürfen, um frisch zu bleiben.

Warum?

Warum haben die Leute eine Zisterne gebaut? Angst! „Was ist, wenn das Wasser versiegt?“, fragten sie. Angst erzeugt Misstrauen gegenüber dem einen, der vertrauenswürdig ist. Machen Sie sich bewusst, dass Gott durch Jeremia sprach: *„Mich, die Quelle lebendigen Wassers, haben sie verlassen.“* Gleichermaßen sagt Psalm 68,27: *„Preist Gott in den Versammlungen, den HERRN, die ihr aus dem Quell Israels seid!“* Gott ist die Quelle, und die Quelle steht uns für immer zur Verfügung. Ist es für Gott möglich, jemals auszutrocknen? In Psalm 37,3 heißt es: *„Vertraue auf den HERRN und tue Gutes;*

wohne im Land und hüte Treue.“ Geben Sie ihn nicht auf, bloß weil Sie nicht alles verstehen, oder weil Sie denken, dass Ihnen in der Zukunft etwas Schlechtes widerfahren könnte. Haben Sie den Glauben, dass Gott wirklich weiß, was das Beste ist! Wenn das Wasser sehr langsam fließt und es so aussieht, als würde es aufhören, ist es an der Zeit, dass unser Glaube mit den Umständen wächst. Gott hat gesagt, dass er uns niemals verlassen wird. Seine Quelle wird niemals versiegen und niemals austrocknen. Das Becken wird niemals leer sein. Die langsamen Zeiten bieten die Möglichkeit, die überfließenden Zeiten mehr zu schätzen. Gewiss möchte er, dass wir lernen, ihm zu vertrauen, egal, ob die Dinge schnell oder langsam „fließen“.

Die Zisterne ist ein Bild dafür, wie wir versuchen, Gott zu kontrollieren und das einzugrenzen, was er tut. Wenn wir der Angst die Tür öffnen, erlauben wir einem Geist der Kontrolle den Einlass. Was auch immer Sie kontrollieren, kommt zum Stillstand. Das kann über einen langen oder kurzen Zeitraum passieren, aber es wird jedes Mal passieren. Wenn wir Gott nicht vertrauen, tun wir die Dinge auf unsere Art und Weise. Wir versuchen das, was er uns gegeben hat, zu kontrollieren. Das Problem damit, Dinge kontrollieren zu wollen, ist, dass es das Wirken des Heiligen Geistes „auslöscht“. Das betrübt ihn, weil es vermittelt, dass wir ihm nicht vertrauen und lediglich die Vorzüge seiner Gegenwart haben wollen, anstatt seine Gegenwart selbst. Hoffentlich ist das etwas, wofür keiner von uns bekannt sein möchte. Wie könnten wir etwas anderes mehr wollen als seine Gegenwart?

Es ist wichtig, anzumerken, dass das Buch Jeremia sagt, das Verlassen der Quelle und das Bauen von Zisternen seien zwei Übel. Es sind nicht nur kleine Fehler oder Sünden. Stattdessen werden sie tatsächlich als „Übel“ oder „Böses“ beschrieben. Eine der Bedeutungen von *böse* im Hebräischen ist „zerstören“. Angst und Kontrolle zerstören die Werke Gottes.

Kapitel 24

Der Weg zum Schicksal

Der goldene Steinpfad

Eines Tages kam Jesus zu mir und nahm mich mit an einen Ort, an dem sich vor uns ein langer Weg erstreckte, der aus goldenen Ziegelsteinen gemacht schien. Er deutete auf den Weg und sagte: „Dies ist der Weg, auf dem du gehen sollst." Dann reichte er mir seine Hand und sagte: „Lass uns einen Spaziergang machen." Ich legte meine kleine Hand in die seine und wir gingen los.

Nachdem wir einige Zeit auf diesem Weg gegangen waren, fiel mir etwas Merkwürdiges auf. Immer wieder sah ich am Rande des Weges einige seltsame kleine Stäbe in Gruppen aus dem Boden wachsen. Die Stäbe waren golden und hatten einen Durchmesser von etwa 3 cm. Zunächst waren es nur wenige Stäbe, doch dann fingen sie an, sich zu vermehren. Alle Stäbe wuchsen langsam, erreichten jedoch unterschiedliche Höhen.

Obwohl die Anwesenheit dieser Stäbe immer offensichtlicher wurde, ließ Jesus nie ein Wort über sie fallen. Nachdem wir an mehreren Gruppen von Stäben vorbeigegangen waren, zog ich meine Hand aus Jesu Hand und ging zu einer Gruppe von Stäben hin. Ich konnte mir einfach nicht erklären, wozu sie da waren. Als ich die Stäbe betrachtete, begannen sie zu wachsen und sich schneller zu vermehren. Ich lief um sie herum, während sie größer wurden, und versuchte herauszufinden, was sie darstellten. Jesus rief mich und sagte: „Komm her." Ich ging zurück zu Jesus, gab ihm wieder meine Hand und wir setzten unseren Spaziergang fort.

Wir waren nur ein kleines Stückchen gegangen, als ich mich zu fragen begann, wie groß diese Stäbe inzwischen wohl geworden waren. Ich wollte mich gerade umdrehen, um sie zu betrachten, als Jesus sagte: „Schau nicht zurück." Er klang nicht böse oder verärgert, aber er war sehr entschlossen. Ich schaute zu ihm hoch und er beugte sich zu mir herunter, bis wir Auge in Auge waren. Diese Stäbe auf meinem Weg, sagte er, seien Hindernisse. Sie würden umso schneller wachsen, je mehr ich sie anschaute, und schließlich würden sie meinen Weg blockieren. Er fügte hinzu, selbst wenn die Hindernisse größer würden und meinen Weg vollständig blockierten, könne ich immer noch über sie hinweg klettern. Es sei jedoch nicht einfach, wenn die Stäbe einmal den Weg blockierten, weil sie verschiedene Höhen hätten. Einen festen Halt zu finden sei schwierig, aber möglich. Er erinnerte mich daran, dass der Heilige Geist ein Helfer ist, der jedem hilft, der ihn danach fragt.

Dann deutete er mit seinem Arm auf die linke Seite meines Weges. Da sah ich viele, viele andere Wege. Jesus sagte: „Das sind die Wege anderer Menschen. Du darfst niemals auf dem Weg eines anderen gehen." Er sagte mir, dass zwei Dinge passieren könnten, wenn ich auf dem Weg eines anderen ginge: Erstens könnte diese Person denken, ich würde die Arbeit erledigen, die auf ihrem Weg zu tun war, und sich dann entweder zurücklehnen und ihre eigene Arbeit nicht mehr tun oder sich ärgern, weil ich unerlaubt ihren Weg betreten hätte. Einen Weg zu gehen, der nicht für mich gedacht war, könne möglicherweise dazu führen, jemanden von seiner Bestimmung abzuhalten oder Zwietracht im Leib Christi zu säen. Jesus sagte mir weiter, ich hätte nicht die Gaben, die Talente oder die Salbung, die Arbeit auf dem Weg eines anderen zu tun. Es sei wichtig, dass ich nur auf meinem Weg ginge, alle Hindernisse ignorierte und dran bliebe. Dabei sollten meine Augen auf das Ziel gerichtet sein und meine Hand in seiner ruhen.

Was für eine gute Lektion! Ich begann darüber nachzudenken, was die Hindernisse sein könnten. Mir wurde bewusst, dass jede Sünde ein Hindernis sein könnte, und dass Hindernisse die

Gefahr in sich bargen, meine Bestimmung zu vernichten. Ein Hindernis, dem ich sehr häufig begegne, wenn ich Menschen diene, ist Anstoß zu nehmen bzw. beleidigt oder gekränkt zu sein. Menschen nehmen Anstoß, wann immer jemand etwas tut oder sagt, das Zorn, Groll, Schmerz, Missfallen oder Demütigung verursacht. Während jeder auf seinem Weg geht, ist es das Wichtigste, denen zu vergeben, die uns etwas antun und dadurch diese Gefühle ins uns hervorrufen. Wenn wir das nicht tun, wächst das Hindernis des Anstoßnehmens, je mehr wir auf das Ärgernis schauen.

Die Geschichte des Anstoßnehmens

Lassen Sie mich Ihnen eine Geschichte über das Anstoßnehmen erzählen. „Fred“ war 29 Jahre alt, als das Hindernis des Anstoßnehmens auf seinem Weg zu wachsen anfing. Zu der Zeit war Fred Feuer und Flamme für Gott. Er war Teil aller Musicals seiner Gemeinde, leitete einen Hauskreis und schickte seine Kinder in eine christliche Schule. Seine Leidenschaft und Hingabe waren völlig authentisch. Aber dann wurde Fred verletzt. Ein Jahr nachdem Fred verletzt worden war und nicht vergeben konnte, war er aus seiner Gemeinde ausgetreten, und innerhalb von zwei Jahren hatte er seine Frau und seine Familie verlassen. Einige Jahre lang lebte er ein wildes Leben. Hin und wieder sahen wir ihn in der Gemeinde ganz hinten sitzen. Er versuchte, über die Verletzung hinwegzukommen, schien es aber nie zu schaffen.

Schließlich heiratete er noch einmal und ließ seinen wilden Lebensstil hinter sich, doch konnte ihn dies nicht lange glücklich machen. Er liebte seine Familie und seine Freunde, fand aber nie auf den Weg seiner Bestimmung zurück. Im Alter von 49 Jahren starb Fred ganz plötzlich. Es war tragisch. Als ich in seinem Beerdigungsgottesdienst saß, hörte ich seine Freunde darüber reden, was für ein guter Kerl er war. Als ich das hörte, war ich so dankbar für Gottes Gnade. Ich hatte solch einen Frieden darüber, dass Fred beim Herrn war und dass er an der Freude der Gegenwart Gottes teilhatte. Erfüllte er die Bestimmung seines Weges? Nein, aber er hatte Jesus nie verleugnet. Er war immer noch gläubig.

Während der Gottesdienst seinen Lauf nahm, hatte ich eine Vision von Fred im Himmel mit Jesus. Sie waren beide sehr glücklich und umarmten einander. Ganz aufgeregt sagte Jesus: „Möchtest du alle Pläne sehen, die ich für dich hatte?“ Sie drehten sich um und sahen, wie sich die Pläne entfalteten. Auf dem Weg von Fred sah ich zahlreiche Errettungen, Heilungen, Menschen, die befreit wurden usw. Auf dem Weg befanden sich aber auch die Hindernisse, die so groß geworden waren, dass sie den Weg vollständig bedeckten. Dies waren die Bereiche, die Fred nie überwinden konnte. Da begann Fred zu schluchzen. Jesus wandte sich ihm sofort zu, wischte ihm die Tränen vom Gesicht und sagte: „Es ist in Ordnung, Fred. Du bist jetzt hier bei mir.“ Ich konnte sehen, dass Jesus nicht wütend war oder Fred verurteilte. Er freute sich einfach darüber, Fred all das zu zeigen, was er für ihn geplant hatte.

Als ich Fred und Jesus gemeinsam davongehen sah, kam mir dieser Bibelvers in den Sinn: *„Und er wird jede Träne von ihren Augen abwischen …“* (Offb 21,4). In der Vergangenheit hatte ich mich gefragt: *Warum sollten wir im Himmel weinen?* Dieser Vers ergab keinen Sinn für mich. Doch in diesem Moment fragte ich mich: *Was ist, wenn wir beim Herrn sind, er sich uns zuwendet und uns unseren Weg zeigt? Was ist, wenn er uns all die wunderbaren Dinge zeigt, die er für uns geplant hatte?* Wenn das der Fall ist, dann können wir möglicherweise auch all die Hindernisse sehen, die uns von seinen wunderbaren Plänen für uns abgehalten haben. Vielleicht haben uns diese Hindernisse nicht vollständig zum Stillstand gebracht, jedoch unser Vorankommen verlangsamt. Möglicherweise können wir dann auch alle Hindernisse sehen und wie groß sie wurden, weil wir darauf bestanden haben, uns mit ihnen zu beschäftigen. Ich denke, wir würden weinen, wenn das passieren würde. Gott sei Dank wird Jesus dann uns unsere Tränen abwischen und sagen: „Aber ich habe dafür bezahlt. Trete in die Ewigkeit und die Gegenwart Gottes ein."

Bei seiner Beerdigung weinte ich, als ich an Fred und seinen nicht beschrittenen Weg dachte. Ich bin mir sicher, dass viele Leute um mich herum meinten, ich weinte um Fred, und sie hätten recht gehabt. Er war ein heller Stern, der durch ein Hindernis des Anstoßnehmens abgestumpft und gleichgültig geworden war. Aber ich weinte auch über mich selbst. Ich schrie zu Jesus: „Bitte, bitte, lass nicht zu, dass ich mich um die Hindernisse drehe." Ich möchte alles erreichen, was du auf meinem Weg für mich hast. Jesus, erinnere mich an meinen Weg. Erinnere mich daran, nicht auf die Hindernisse zu schauen. Ich möchte nicht, dass ein Ärgernis meinen Weg behindert. Heiliger Geist, mein Helfer, hilf mir."

Dann war da noch Danny, der 15 Jahre alt war, als er Anstoß nahm. Die beiden Männer waren sogar durch die gleiche Sache zur gleichen Zeit verletzt worden. Auch Danny trat aus der Gemeinde aus und verbrachte die nächsten 20 Jahre damit, von Gott wegzulaufen. Er sagte immer, er sei gläubig, doch sein Leben spiegelte das in keiner Weise wider. Drogen und Alkohol hatten ihn völlig im Griff. Nach 20 Jahren sah er aus wie der Tod und wusste, dass er etwas tun musste.

Eines Tages fragte er seine Mutter, was sie glücklich mache. Sie sagte ihm, es sei Jesus lieben und ihm dienen. Dann sprach sie prophetische Worte über seine Bestimmung in sein Leben hinein. Er weinte, aber äußerlich änderte sich nichts. Dann, ein paar Monate später, kam er an einem Sonntag mit ihr in den Gottesdienst und beim Aufruf, sein Leben Jesus zu übergeben, ging er nach vorne. Er fing an, sich mit ein paar der Pastoren der Gemeinde zu treffen. Banning Liebscher, einer von ihnen, war für einen Teil des Programms des zweiten Schuljahres der „Bethel School of Supernatural Ministry" (BSSM – Schule für den übernatürlichen Dienst des Bethel-Gemeinde) verantwortlich. Banning bat Danny, ihn während der Schulzeit besuchen zu kommen, damit sie während des Unterrichts im hinteren Teil des Raumes miteinander reden konnten. An dem Tag, an dem Danny den Unterricht besuchte, ging es um Prophetie, und die Schüler übten, prophetische Worte weiterzugeben. Einer der Schüler sagte, er habe einen Namen gehört. „Zufällig" handelte es sich dabei um den Nachnamen von Danny. Sie riefen Danny auf, nach vorne vor die Klasse zu kommen. Dann begannen die Schüler prophetische Worte über seinen Lebensweg und seine Bestimmung weiterzugeben.

Am nächsten Tag erzählte er seiner Mutter, er wolle zur BSSM gehen. Er absolvierte zwei Jahre an dieser Schule. Danny erkannte seinen Weg und folgt ihm bis heute. Er ist begeistert. Er war in der Lage, mit der Hilfe des Heiligen Geistes über das Hindernis des Anstoßnehmens zu klettern, das seinen Weg über so viele Jahre blockiert hatte. Ich freue mich mit ihm, da Danny mein Sohn ist.

Das ist also „Die Geschichte des Anstoßnehmens". Einer hat das Hindernis nie überwinden können und einer hat es geschafft. Erinnern Sie sich daran, was Jesus mir gesagt hatte? Nun, es gilt wirklich für uns alle. „Gehen Sie auf Ihrem Weg. Halten Sie Ihre Augen auf das Ziel gerichtet. Widmen Sie ihre Aufmerksamkeit nicht den Hindernissen. Lassen Sie Ihre Hand in der seinen."

Hier noch eine ermutigende „Warnung". Eines der großen Hindernisse in meinem Leben war Ablehnung. Bis zum heutigen Tag, zwölf Jahre nach dem Beginn dieser Reise, kann ich wegen der Vorfälle in meinem Leben immer noch den Stachel der Ablehnung spüren. Ich kann mich entscheiden, auf das Hindernis zu schauen, oder ich kann zu Jesus gehen, damit er es heilt. Ich entscheide mich dazu, Paulus' Ermahnung zu folgen und meine Gedanken gefangen zu nehmen (vgl. 2 Kor 10,5). Tun die Menschen uns Dinge an, die nicht besonders schön sind? Ja. Egal, ob es absichtlich geschieht oder etwas ist, von dem sie nicht einmal wussten, dass sie es getan haben – Vergebung ist der Schlüssel. Und dann setzen Sie Ihr Leben fort. Er lehnt uns niemals ab. Er liebt uns und ist voller Güte. Seine Liebe reicht für alle meine Bedürfnisse aus.

Auf die Hindernisse zu schauen ist eine Entscheidung. Richten Sie Ihre Gedanken auf die Dinge, die gut sind (vgl. Phil 4,8).

Höher

Eines Tages forderte Jesus mich auf, mit ihm zu kommen. Als wir losgingen, sah ich eine riesige Bergkette, die sich vor uns erstreckte. Nachdem wir ganz nach oben geklettert waren, begann Jesus den Grat entlang zu gehen. Ich war äußerst müde geworden und fragte ihn, ob wir ein paar Minuten Pause machen könnten, bevor wir unsere Wanderung fortsetzten. Er ging auf meine Bitte ein, setzte sich im Schneidersitz auf den Boden und nahm mich auf seinen Schoß.

Ich schaute hinaus auf die Orte, an denen ich gewesen war. In der Ferne konnte ich den Abgrund und die Brücke sehen, wo ich diese Reise begonnen hatte. Ich konnte auch den maisfarbenen Ort, den Garten, die heilige Stätte mit den Objekten, den Dschungel und den Obstgarten sehen. Durch all diese Orte floss der Fluss der Herrlichkeit Gottes. Ich folgte dem Fluss mit meinen Augen. Er schien da zu enden, wo die Berge anfingen. Aber ich wusste, dass er dort nicht aufhörte, sondern unterhalb der Berge weiterfloss.

Ich war traurig, diese Orte hinter mir zu lassen. Ich fühlte mich hier so wohl. Doch als ich mich umschaute, konnte ich weder meinen Vater noch meinen Heiligen Geist irgendwo sehen. Ich wollte nicht an einem Ort bleiben, wo ich nicht bei ihnen sein konnte. Ich wusste, dass sie mir vorausgegangen waren und auf mich warteten, und dass mein Jesus mich zu ihnen führen würde.

Kapitel 25

Andere in den Himmel führen

Zu Beginn jedes neuen Schuljahres der „Bethel School of Supernatural Ministry“ (BSSM) laden die Leiter mich ein, um mein „Himmels-Ding“ zu machen. Ich tue dies zu Beginn des Schuljahres, weil es in dieser Zeit um Herzens- und Beziehungsprobleme zwischen den Studenten und ihrem himmlischen Vater geht.

Der wichtigste Aspekt, wenn ich Menschen zum Tor des Himmels führe, ist, dass sich alles um die Beziehung zum Vater, zum Sohn und zum Heiligen Geist dreht. Mein leiblicher Vater hat mich nicht geliebt und nicht gewusst, wie er mich lieben konnte. Das hat sich auf die Art und Weise, wie ich Gott, den Vater, sah, stark ausgewirkt. Es ist schwer zu glauben, dass Gott einen liebt, wenn man von seinem eigenen Vater nicht geliebt worden ist. Ich wusste zwar, dass die Bibel sagt, dass Gott mich liebt, aber ich hatte diese Liebe tatsächlich nie erlebt, bis der Vater mir so eindrücklich zeigte, wie sehr er mich liebte.

Ich mag es sehr, Menschen an einen Ort zu führen, an dem sie Gott auf eine neue, liebevolle und wunderbare Weise erleben. Wenn ich anfange, Menschen von dem zu erzählen, was mir widerfahren ist, dann komme ich immer wieder ins Staunen. Ich staune darüber, dass Gott uns so sehr liebt und sich uns offenbaren möchte. Ich spüre die Freude eines kleinen Mädchens, das mit seinem Vater zusammen ist. Während ich meinen Blick durch den Raum schweifen lasse, scheint es, als würden auch die Schüler von diesem Stauen erfasst werden.

Ich erzähle den Schülern, es sähe sehr danach aus, dass man sich etwas vorstellt oder einbildet, dass es aber tatsächlich vom eigenen Geist kommt und unter der Führung des Heiligen Geistes geschieht. Ich sage den Schülern, sie sollten sich entspannen und zur Ruhe kommen, weil sie eine Begegnung nicht aus eigener Kraft erzwingen könnten. Dann kann ich die Aufregung förmlich spüren, ähnlich wie bei Kindern, die ihre erste Fahrt im Disneyland machen.

Der Ablauf

Im Folgenden beschreibe ich die Art und Weise, wie ich andere über ihre Hindernisse hinweg in das Königreich führe, wo sie dann anfangen können, den Einen, der aus reiner Liebe besteht – Jesus – mit den Augen ihres Geistes zu sehen. Kommen Sie mit uns. Er wartet hier auch auf Sie.

Zunächst bitte ich sie, die Augen zu schließen und sie nicht zu öffnen, bis ich ihnen die Erlaubnis gebe. Dann fordere ich sie auf, sich vorzustellen, wie Jesus vor ihnen steht. Er muss nicht wirklich klar erkennbar sein. Als ich ihn das erste Mal gesehen habe, konnte ich ihn auch nur verschwommen ausmachen. Ich warte. Dann bitte ich sie, ihre Hände zu heben, wenn sie ein Bild von ihm vor sich haben. Ich weiß, dass es immer einige gibt, die nichts sehen, aber ich weiß auch, dass ich nicht auf alle warten kann. Wenn die Mehrheit sich ihn vorstellen kann, bitte ich alle Verbleibenden, sich einfach von seiner Gegenwart durchdringen zu lassen.

Als Nächstes fordere ich die Schüler auf, auf Jesus zuzugehen und anschließend zu warten. Ich frage dann noch einmal, wie viele direkt vor ihm stehen. Zu diesem Zeitpunkt ist seine Gegenwart dann stark zu spüren, weil wir in eine himmlische Atmosphäre eingetreten sind, in der Menschen darauf aus sind, eine Begegnung mit einem liebevollen Gott zu haben. Dann sage ich ihnen, dass er etwas tun wird.

Woher ich das weiß? Weil er mich beauftragt hat, dies zu tun. Ich verstehe nicht jedes „Warum" und „Wofür". Ich bin nur ein kleines Mädchen, das versucht, die Liebe ihres Abbas/Papas weiterzugeben. Hier fängt es dann an, interessant zu werden.

Ich bitte sie, ihre Hände zu heben, wenn Jesus etwas getan hat. Dann laufe ich mit einem Mikrofon durch den Raum und frage sie, was er getan hat. Ihre Augen sind immer noch geschlossen, weil ich nicht möchte, dass sie abgelenkt werden. Und dann höre ich sehr wunderbare Dinge! „Er hat mich umarmt." „Er hat mich geküsst." „Er tanzt mit mir." „Er hat seine Hand auf meinen Kopf gelegt." Es ist diese Berührung. Jesus liebt es, uns zu berühren. Ist das nicht auch die Art und Weise, wie Liebe in unserer Welt ausgedrückt wird? Wenn wir jemanden lieben, wollen wir ihm nahe sein und ihn berühren. Glauben Sie wirklich, dass es bei ihm anders ist?

Dann erzähle ich ihnen, dass er ihnen etwas sagen möchte. Ich warte eine Weile. Anschließend gehe ich zu denen, die ihre Hände gehoben haben, um damit anzuzeigen, dass Jesus zu ihnen gesprochen hat, und bitte sie, ihre Erfahrung mit uns zu teilen. „Ich liebe dich." „Ich bin stolz auf dich." „Ich habe so viele wunderbare Dinge, die ich dir zeigen möchte." „Ich habe einen Plan für dein Leben."

Der Vater hat mir erzählt, dass er für jeden einen Garten geschaffen hat. Keinen Gemeinschaftsgarten (obwohl er so einen vielleicht auch hat), sondern einen besonderen Garten für jeden Einzelnen. Das sage ich den Schülern und fordere sie auf, Jesus zu bitten, sie dorthin zu führen.

Manchmal führt Jesus sie auch an andere Orte, aber meistens gehen sie zu ihren Gärten.

Ich lasse sie dort etwas Zeit verbringen, damit sie sehen können, was Jesus tun wird. Wieder sind die Geschichten danach beeindruckend. Zu diesem Zeitpunkt weinen einige leise, während Jesus ihre Herzen berührt, einige lächeln breit und andere sitzen einfach nur mucksmäuschenstill da, als ob sie fürchteten, die Vision könne verschwinden. Die Gegenwart Gottes ist dann sehr stark. Ich liebe seine Gegenwart und liebe es, wie er unsere Herzen heilt.

Danach nehme ich mir immer Zeit, mich mit denen zu treffen, die nichts gesehen haben. Ich verbringe Zeit mit ihnen als Gruppe, beantworte Fragen, rede mit ihnen, sage ihnen, wie sehr Gott sich wünscht, dass sie eine Begegnung mit ihm haben – viel mehr als sie selbst. Es gibt immer einige, die nichts sehen, und ich rede mit Gott darüber, weil ich der Meinung bin, dass jeder die Fähigkeit zu sehen hat. Diese Schüler verstehen einfach noch nicht, wie sie sehen können.

Ich möchte deutlich machen, dass nicht jeder, der in den dritten Himmel sieht, ein Seher oder ein Prophet ist. Die himmlischen Begegnungen, die ich bisher beschrieben habe, sind für uns alle zugänglich. Aber nur weil wir diese Erfahrungen im dritten Himmel machen, heißt das noch nicht, dass wir die Funktion eines Propheten ausüben, wie es Bob Jones, Bobby Conner, Paul Keith Davis oder Rick Joyner tun. Der Zweck dieser himmlischen Erfahrungen ist, Sie mit der liebenden Güte unseres wunderbaren Vaters, Sohns und Heiligen Geistes in Berührung zu bringen.

Kürzlich sprach ich in einer Jüngerschaftsschule einer unserer Tochtergemeinden in Atlanta. Steve und Lindy Hale, die Pastoren der Bethel-Gemeinde in Atlanta, hatten BSSM absolviert, bevor sie wieder in ihre Heimat zurückgingen, um dort eine Gemeinde zu gründen. Es war so eindrucksvoll. Haben Sie je die Gegenwart Gottes so stark gespürt, dass Sie sich nur hinsetzen und sie „einatmen" wollten? Diese Art der Gegenwart fühlt sich an wie „schwere Luft" und bringt Frieden, Liebe, Güte und so vieles mehr mit sich.

Wir legten die CD „Live-Soaking Volume 1" von Kimberly und Alberto Rivera auf. Ich ließ immer wieder das Lied „Show Me Your Face" („Zeige mir dein Gesicht") spielen. Wenn Sie ein Anbetungslied finden, das Ihren Geist berührt, ist das die ideale Grundlage, um in seine Gegenwart einzutreten. Anbetungsmusik anzuhören bereitet Ihr Herz vor, ihm Anbetung (einen Kuss) zu geben und im Gegenzug seine Küsse zu erhalten. Wie bereits beschrieben, leitete ich die Schüler an – mit erstaunlichen Folgen. Ich mag es, die Schüler zu beobachten und große, männliche Männer mit geschlossenen Augen zu sehen, denen Tränen die Wangen herunterlaufen. Manchmal sehe ich sogar, wie Menschen Worte mit den Lippen formen, wenn sie mit ihm sprechen. Ich liebe die Gegenwart des Herrn und ich liebe es zu sehen, wie andere in seine Gegenwart kommen und ihre Herzen durch ihn berührt werden.

Die drei „Himmel"

Einmal ging ich zu einer Gemeinde, deren Pastoren gute Freunde von mir sind, um eine Frauenfreizeit durchzuführen. Etwa eine Woche später erhielt ich eine E-Mail von einer der Pastorinnen. Sie fragte mich, wie sie mit einer bestimmten Situation, in die sie geraten war, umgehen sollte. Eine der Frauen schien Dinge zu sehen, die möglicherweise nichts mit Erfahrungen im dritten Himmel zu tun hatten. Es gibt drei verschiedene „Himmel" oder „Reiche". Mir gefällt, was Beni Johnson in ihrem Buch *Der glückliche Fürbitter* darüber lehrt:

> In der Bibel werden drei „Bereiche" oder „Welten" oder „Himmel" erwähnt. Die Bibel spricht spezifisch über die erste, zweite und dritte Welt. Die erste Welt ist das, was Sie mit Ihren Augen sehen können. Es ist die Welt der Physis. *„Und ich sah einen neuen Himmel und eine neue Erde; denn der erste Himmel und die erste Erde waren vergangen, und das Meer ist nicht mehr"* (Offb 21,1). Hieran sehen Sie: der erste Himmel ist der irdische Bereich, das, was Sie gerade jetzt vor Augen haben. Unsere Körper, Häuser und Städte gehören zur irdischen Welt. In 5. Mose 10,14 heißt es: *„Siehe, dem HERRN, deinem Gott, gehören die Himmel und die Himmel der Himmel, die Erde und alles, was in ihr ist."* In der „New American Standard Exhaustive Concordance of the Bible" ist unter dem Stichwort „Himmel" notiert: „Astrologen, Kompass, Erde, Himmel (sg. u. pl.), höchster Himmel; im Anfang schuf Gott die Erde, die Himmel und die

höchsten Himmel."[1]

Der zweite Himmel oder Mittelhimmel nach Offenbarung 14,6: „*Dann sah ich einen anderen Engel hoch oben mitten am Himmel fliegen, der den Bewohnern der Erde und allen Völkerschaften und Stämmen, Sprachen und Völkern eine ewig-gültige Heilsbotschaft zuverlässig zu verkündigen hatte*" (Menge-Übersetzung) ist das Reich der Dämonen und Engel, in dem diese beiden Gruppen gegeneinander Krieg führen. Die gleiche Aussage lässt sich aus dem Buch Daniel erheben (vgl. Dan 10,13).

Und dann gibt es den dritten Bereich. Hier wohnt die Herrlichkeit Gottes. Es ist der Bereich der Schönheit. Der Apostel Paulus nennt den dritten Himmel „Paradies". Darin können wir die großen Pläne des Himmels erkennen:

Ich weiß von einem Menschen in Christus, dass er vor vierzehn Jahren – ob im Leib, weiß ich nicht, oder außer dem Leib, weiß ich nicht; Gott weiß es –, dass dieser bis in den dritten Himmel entrückt wurde (2 Kor 12,2).

Und in Vers 4 fährt er fort: „... *dass er in das Paradies entrückt wurde und unaussprechliche Worte hörte* ..."[2]

Sie sehen also, dass es keine positive Erfahrung wäre, das zweite Reich bzw. den zweiten Himmel zu erleben. Einigen Menschen ist es möglich, Visionen von diesem Ort zu haben, ähnlich dem Erlebnis einer Vision des dritten Himmels. Jemand, den ich kannte und der LSD zu sich genommen hatte, erzählte mir über seine Erfahrung: „Du siehst Dinge, die Gott nie dazu bestimmt hat, dass du sie siehst." Wie prophetisch ist es doch, dass ein Noch-nicht-Christ eine solche Erkenntnis hat und solche Worte verwendet. Wenn Sie Gott mit Ihrem ganzen Herzen suchen, brauchen Sie keine Angst zu haben, Visionen aus dem zweiten Himmel zu erhalten. Wenn Sie Zeit

---

[1] R. L. Thomas (ed.), New American Standard Exhaustive Concordance of the Bible: Hebrew-Aramaic and Greek Dictionary. Version 2.2; s. v. *heaven*.

[2] Beni Johnson, Der glückliche Fürbitter, GloryWorld-Medien, Bruchsal 2010, S. 81/82.

mit dem Wort Gottes verbringen, werden Sie erkennen, ob das, was Sie erleben, mit dem übereinstimmt, was er bereits gesagt hat, oder ob es dem widerspricht. Eine andere Absicherung, um nicht vom Feind getäuscht zu werden, ist, im Leib Christi richtig eingebunden zu sein und in guten Beziehungen mit anderen zu stehen.

Werkzeuge

Ich weiß noch, wie ich während der charismatischen Erneuerungsbewegung der 1960er- und 1970er-Jahre das erste Mal etwas über Prophetie lernte. Damals gab es einige Auseinandersetzungen und zahlreiche „Worte", die definitiv nicht von Gott waren, ganz zu schweigen vom übermäßigen und missbräuchlichen Benutzen der Zungenrede. Die Gaben des Heiligen Geistes sind Werkzeuge, die Gott uns als Hilfe für den Aufbau seines Reiches gegeben hat. Himmlische Erfahrungen zu haben, ist ein Werkzeug, das Gott benutzt, um uns zu zeigen, wer er wirklich ist und wie er wirkt. Außerdem gibt er uns dadurch Strategien, um sein Reich zu bauen: *„Dein Königreich komme, dein Wille geschehe"* (Mt 6,10). Werkzeuge sind dazu gedacht, auf eine bestimmte Art und Weise gebraucht zu werden. Man benutzt keinen Hammer, um ein Stück Holz in zwei Teile zu teilen. Offensichtlich würde man dazu eine Säge wählen. Wenn man jemand etwas beibringen will, versucht man ihm zu zeigen, wie man das richtige Werkzeug auf die richtige Weise benutzt. Natürlich wirft man den Hammer nicht weg, weil er kein Holz zersägt.

Wenn es darum geht, Zeit mit dem Herrn zu verbringen, ist es wichtig zu verstehen, dass Quantität nicht immer Qualität bedeutet. Damit sage ich nicht, Sie sollten nicht viel Zeit mit ihm verbringen. Was ich sagen möchte, ist, dass auch ein wenig Zeit kostbar für ihn ist. Manchmal sind wir so beschäftigt, dass wir Zeit verstreichen lassen, weil wir denken, dass es keine Bedeutung hat, wenn wir nur wenig Zeit mit ihm verbringen.

Lassen Sie mich Ihnen eine Geschichte über Jon und Danny, meine Jungs, erzählen und Ihnen zeigen, wie hilfreich es sein kann, Dinge in kleinere Einheiten aufzuteilen, um eine Aufgabe zu erledigen, die einem als sehr große und schwierige Aufgabe vorkommt. Als meine Jungs 10 und 12 Jahre alt waren, wohnten wir in einem Haus, das von einem Holzofen beheizt wurde. In einem Jahr wurden uns zu Beginn des Sommers drei Klafter Holz auf einem riesigen Haufen in unseren Hinterhof geliefert. Das ist eine beachtliche Menge an Holz, weil jeder Klafter Holz ca. 1,2 Meter breit, 1,2 Meter hoch und 2,4 Meter lang war.

Ihr Vater hatte sie beauftragt, das Holz zu nehmen und es im Holzschuppen zu stapeln. Sie können sich sicher vorstellen, welches Gejammere ich von meinen Söhnen zu hören bekam! Sie sagten, sie könnten nun den ganzen Sommer über nicht mehr spielen, weil sie arbeiten müssten. Sie hörten nicht auf, sich zu beklagen. Daher ging ich mit ihnen in den Hof und bat sie, sich keine Sorgen zu machen. Ich sagte ihnen, sie sollten jeden Morgen nur fünf Stücke Holz in den Schuppen bringen. Ihre Augen weiteten sich, als ihnen klar wurde, dass dies viel einfacher werden würde, als sie gedacht hatten. Plötzlich wirkte die Aufgabe nicht mehr annähernd so schwierig.

Am ersten Morgen beobachtete ich sie durch das Küchenfenster. Jeder von ihnen hob fünf Holzscheite auf und stapelte sie im Schuppen. Als sie wieder aus dem Holzschuppen kamen, sagten sie, sie könnten mehr tun. Also machten sie beide noch ein paar Abstecher zum Holzschuppen. Später an diesem Tag machten sie noch ein paar Gänge. Das ging so eine Woche lang. Am Ende der Woche war alles erledigt, von dem sie dachten, dass es einen ganzen Sommer brauchen würde. Die Aufgabe ganz einfach in kleinere Stücke aufzuteilen, machte das, was zu Beginn unmöglich erschien, möglich.

Wenn wir etwas betrachten, was wie eine riesige Aufgabe aussieht, können wir uns leicht überfordert fühlen. Aber wenn wir es in kleinere, besser handhabbare Stücke aufteilen, verhindern wir, dass wir entmutigt werden und es erst gar nicht versuchen. Zeit mit dem Herrn zu verbringen, kann in unserer hektischen Welt ebenfalls wie eine Überforderung aussehen. Der Mutter von kleinen Kindern, die das Gefühl hat, niemals Zeit für sich zu haben, der erschöpften berufstätigen Mutter, die versucht, ihren Verpflichtungen von Arbeit und Familie gerecht zu werden, und dem Mann, der mehrere Beschäftigungen hat, um über die Runden zu kommen, möchte ich sagen, dass Zeit vorhanden ist, die man mit dem großartigsten Gott aller Zeiten verbringen kann.

Fangen Sie damit an, nur ein paar Minuten mit ihm zu verbringen. Schließen Sie Ihre Augen, richten Sie die Aufmerksamkeit Ihres Herzens auf ihn, und sagen Sie ihm „Hallo!". Üben Sie das. Sie werden erleben, wie sich die Zeit mit ihm verlängert. Seine Gegenwart ist voller Friede, Freude, Liebe und Annahme. Nur weil Sie ihm keine ganze Stunde geben, ist er nicht unzufrieden mit Ihnen. Wäre eine Stunde gut? Ja. Aber machen Sie daraus kein bleiernes Gesetz, das Sie einhalten müssen. Beginnen Sie mit fünf „Holzscheiten" pro Tag.

Kapitel 26

Wie ich Krystal in den Himmel führte

Im Dezember 1998 kam ein prophetisch begabter Mann zur Bethel-Gemeinde, um dort zu sprechen. Auf Einladung von Pastor Bill Johnson nahm er auch an einer unserer Vorstandssitzungen teil. Dieser Mann prophezeite über jedes der Vorstandsmitglieder. Ich war bei der Besprechung dafür verantwortlich, Protokoll zu führen. Gegen Ende hin rief er mich auf und prophezeite Folgendes über mich:

> Der Geist des Herrn sagt: Ich habe einiges für dich aufbewahrt, das du aufholen darfst. Und der Herr sagt, du würdest als Letzte daran denken, du könntest eine Erfahrung im dritten Himmel haben. Aber du hast um Dinge gebeten und Dinge vor ihm ausgesprochen, und der Herr antwortet: Warum soll ich dich nicht beim Wort nehmen? Warum sollte ich es dir nicht ermöglichen? Warum sollte ich es dir nicht erlauben?

Nun, ich hatte 30 Jahre lang für eine Erfahrung im dritten Himmel gebetet, und dieser Mann prophezeite nun, dass Gott mein Gebet beantworten würde. Ich war überwältigt. In der darauffolgenden Nacht war ich mit dem Vater zusammen, so wie ich es viele Male zuvor gewesen war. Er fragte mich, ob ich in den dritten Himmel gehen wollte. Ganz aufgeregt sagte ich Ja. Daraufhin nahm er meine Hand und wir machten uns auf den Weg.

Nach einer kurzen Zeit hielten wir an einem schönen Garten an, der mir sehr bekannt vorkam. Ich erkannte, dass dies der erste Garten war, den ich in meinen Visionen gesehen hatte, was mich ein wenig verwirrte. Also wandte ich mich an den Vater und sagte: „Aber hier war ich doch schon."

Er sagte: „Ja, ich weiß." Dann fing er an zu lachen. Erst da wurde mir bewusst, dass ich nicht nur irgendwelche kleinen Visionen gehabt hatte, sondern tatsächlich die Dimension des dritten Himmels betreten hatte.

Krystal

Einmal gab mir jemand einen Zettel und bat mich, ihn Jesus zu geben, wenn ich das nächste Mal in den Himmel ging. Ich las den Zettel, auf dem stand: „Lieber Vater, ich brauche etwas Geld. Dein dich liebender Sohn." Ich lachte darüber, legte ihn weg und dachte nicht weiter darüber nach. Als ich jedoch das nächste Mal in den Himmel ging, sagte der Vater zu mir: „Gib mir den Zettel." Ich dachte: *Welchen Zettel?* Ich schaute nach unten und sah, dass der Zettel in meiner Hand war. Ich gab ihn dem Vater, und er las ihn. Dann warf er den Kopf zurück, lachte und sagte: „Ich liebe ihn so sehr. Er bringt mich zum Lachen."

Das allein war schon erstaunlich, doch in der darauffolgenden Woche gab jemand dem Mann 1000 Dollar. Die Geschichte machte ihre Runde, und eines Tages kam meine gute Freundin Krystal mit einer Notiz zu mir. Krystal hatte ihre beiden Kinder mehrere Jahre zuvor durch einen tragischen Autounfall verloren. Auf ihrem Zettel stand: „Lieber Vater, ich möchte meine Jungs sehen." Ich steckte den Zettel in meine Tasche und las ihn erst später an jenem Abend. Ich dachte zunächst, bei dem Zettel würde es sich um eine weitere lustige Sache handeln, aber nachdem ich den Zettel gelesen hatte, war ich ernüchtert und traurig.

Als ich an jenem Abend wieder mit Jesus zusammen war, fragte ich ihn, was ich zu Krystal sagen sollte. Er lächelte nur. Dann sah ich aus dem Augenwinkel, dass sich etwas bewegte. Ich schaute hin und sah die zwei Jungen auf mich zu kommen. Das erschreckte mich. Ich machte innerlich einen

Rückzieher und sagte: „Das ist unmöglich. Es tut mir so leid. Ich mache etwas falsch." Ich dachte an 5. Mose 18,11-12, das den Totenbeschwörern verbietet, die Toten zu befragen. Ich wusste, dass ich sie nicht gerufen hatte, aber offensichtlich sah ich sie. Dann griff Jesus nach meinem Arm und hob mich sanft zu sich hoch. Die Jungen erzählten mir vom Himmel, wie wunderbar es dort war und wie viel Spaß sie hatten. Dann nahm einer von ihnen meine Hand und legte ein goldenes Medaillon hinein. Ich schaute es an und sah, dass es aus massivem Gold bestand und eine Gravur an der Außenseite hatte. Er schloss meine Hand um das darin liegende Medaillon und sagte: „Gib es meiner Mutter. Es gehört ihr." Dann war die Vision vorbei.

Ich beschloss, Krystal nichts über das Geschehene zu erzählen, weil sie so verletzt sein würde, dass ich ihre Jungen gesehen hatte und sie selber es nicht erleben konnte. Ich hatte keine Ahnung, was es mit dem Medaillon auf sich hatte, und hatte nicht vor, es zu erwähnen. Nun, am nächsten Tag war ich in meinem Büro und Krystal kam vorbei. Sobald ich sie sah, sprach der Herr: „Ich möchte, dass du es ihr sagst." Ich erwiderte sofort: „Auf gar keinen Fall." War ihm nicht bewusst, wie sehr es sie verletzen würde? (Meiner Meinung nach ein echter „Kann dass sein?"-Moment.) Der Herr bat mich noch einmal darum. Und nachdem ich eine Weile mit mir gerungen hatte, ging ich zu ihr und erzählte ihr von meiner Begegnung mit ihren Jungen. Wie Sie sich vorstellen können, war es für uns beide eine sehr tränenreiche Begegnung. Krystal fragte mich nach dem Medaillon, erklärte mir jedoch nichts Weiteres.

„Bring sie zu mir"

An diesem Nachmittag sagte der Herr: „Ich möchte, dass du sie zu mir bringst." *Was?,* fragte ich mich, *Wie soll ich sie denn zu dir bringen? Ich weiß nicht, wie das geht.* Diesmal wiederholte er seinen Auftrag nicht, weil er wusste, dass ich ihn gehört hatte. Also ging ich zurück zu Krystals Büro und erzählte ihr, was er mir gesagt hatte.

Als wir in einem leeren Büro saßen, betete ich: „Okay, Gott, wie machen wir das?“ Ich nahm ihre Hand und begann sofort etwas zu sehen. Ich fragte sie, ob sie etwas sah, aber sie sagte, sie könne nichts sehen. Krystal sagte mir, sie sei keine visuelle Person und habe keine Träume oder Visionen, sie könne sich noch nicht einmal irgendwelche Dinge vorstellen. Also gut, was nun? Ich sagte ihr schließlich, dass ich ihr sagen würde, was ich sah. Ich konnte uns beide als kleine Mädchen sehen und beschrieb, was wir anhatten und wie wir aussahen. In dieser himmlischen Dimension gab es einen Garten mit schönen Blumen und einer Trauerweide. In der Mitte war ein schmiedeeiserner Tisch mit Stühlen und einem Teeservice, das mitten auf dem Tisch stand. Jesus führte sie zu dem Tisch, wo sie dann gemeinsam Tee tranken.

Am nächsten Morgen brachte Krystal ihr Knietablett mit, das eine harte Oberseite und eine gepolsterte Unterseite hat, sodass man es auf den Schoß legen konnte, um darauf zu schreiben. Sie hatte es sich zur Gewohnheit gemacht, jeden Morgen auf den Dachboden zu steigen, ihr Knietablett auf den Schoß zu nehmen und ihre tägliche Andacht mit dem Herrn zu halten. Auf der harten Oberseite war ein Bild von einem Garten mit schönen Blumen und einer Trauerweide. In der Mitte befand sich ein schmiedeeiserner Tisch mit Stühlen und einem Teeservice. Es war genau das, was ich sah, als ich sie mit in den Himmel nahm. Ich glaube, dass Gott Krystal ganz klar zeigen wollte, dass er sie jeden Morgen in diesem Garten ihrer Stillen Zeit trifft.

Etwa zwei Wochen später kam sie in mein Büro, um mir etwas zu zeigen. In ihrer Hand hielt sie ein goldenes Medaillon mit einer Gravur an der Außenseite. Ihr Sohn hatte es ihr, nur sieben Tage bevor er starb, zu Weihnachten geschenkt. Sie hatte das Medaillon einige Monate vorher verloren. Zusammen mit ihrem Mann hatte sie daraufhin das Haus auf den Kopf gestellt, um es zu finden. Nachdem ich ihr erzählt hatte, dass ihr Sohn mir das Medaillon gegeben hatte, hatte sie eines Tages ihr Auto gereinigt und eine Beule unter der Fußmatte des

Fahrersitzes bemerkt. Als sie die Matte hochhob, fand sie darunter das Medaillon. Sie sagte mir, sobald ich ihr von dem Medaillon erzählt hätte, hätte sie gewusst, sie würde es wiederfinden. Gott ist so gut!

Der Begriff, der sich für die Erfahrung einer himmlischen Vision irgendwie eingebürgert hat, ist „in den Himmel gehen". Seit dieser Zeit mit Krystal wurde ich oftmals gebeten, Menschen anzuleiten, Gott auf diese Weise zu „besuchen". Diese Formulierung ist vielleicht nicht die treffendste Beschreibung, aber in unseren Kreisen beschreiben viele diesen Vorgang mit, „jemanden mit in den Himmel führen".

Kapitel 27

Zeugnisse

Es folgt eine kleine Auswahl der vielen positiven Zeugnisse, die ich erhalten habe, als ich von meiner Reise erzählt und andere ermutigt habe, ähnliche Erfahrungen zu machen. (Die folgenden Zeugnisse wurden mir in schriftlicher Form gegeben, mit der Erlaubnis, dass ich sie in diesem Buch verwenden darf.)

Ian Kilpatrick hat eine Webseite aufgebaut, die „BeenUp2" heißt (www.beenup2.com). Diese Seite bietet eine wunderbare Möglichkeit, durch Bilder und Kommentare in Verbindung zu bleiben. Ian Kilpatrick ist Christ. Ich kannte vor vielen Jahren seinen Vater, einen christlichen Musiker. Ian schrieb mir auf BeenUp2 und stellte mir Fragen über „in den Himmel gehen". Ich schickte ihm eine DVD, die aufgenommen worden war, als ich in der BSSM predigte. Nach seiner Erfahrung schrieb er:

> Es hat mir geholfen wiederzuentdecken, wie einfach Gott uns begegnet. Es hat nichts mit Arbeit zu tun. Genau das brauchte ich. Ich habe einen Durchbruch darin erlebt und entdecke ständig neue Dinge über ihn und wie ich regelmäßig zu ihm gehen kann.

Ja, Gott! Das ist, was ich möchte ... in Beziehung treten. Es ist keine Mühe. Es ist das, was jeder braucht, und ich mache das gerne.

Eine meiner Lieblingsgeschichten stammt von einer Frau aus Washington, die nach ihrer Erfahrung weinend zu mir kam, um mir zu erzählen, was geschehen war. Sie erzählte mir, dass sie meinen Anweisungen gefolgt war, gebetet hatte und in eine „Himmelserfahrung" hineingeführt wurde, obwohl sie gar nicht erwartet hatte, dass irgendetwas passieren würde. Sie hatte jedoch eine absolut wunderbare Zeit. Als sie mit Jesus zusammen war, verwandelte sich ihre Kleidung in das weißeste Weiß. Sie trug ein wunderschönes Kleid, während sie mit ihm zusammen war. Selbst ihr Haar war wunderschön. Sie tanzten miteinander. Dann setzten sie sich und redeten. Das mag sich ziemlich simpel anhören, aber für sie war es gewaltig. Aufgrund ihrer Vergangenheit dachte sie nie, sie sei rein. Sie wusste, dass die Bibel sagte, dass sie es war, aber sie sah sich selber nie als rein. Jesus machte ihr sehr deutlich, dass sie so reingewaschen war wie Schnee. Nach dieser Erfahrung hatte sie eine ganz neue Beziehung zu ihrem Gott.

Latanes Geschichte

Eine weitere Heilung des Herzens fand während einer Soaking-Zeit[1] bei einer Veranstaltung in Georgia statt. (Bei dieser Art von Gebetszeit wird weder erzählt noch Gott etwas gefragt, sondern man genießt lediglich im Stillen Gottes Gegenwart und nimmt sie in sich auf.) Hier ist die Geschichte:

> Einige von uns können sich nur ausmalen, was wir tun werden, wenn wir Jesus von Angesicht zu Angesicht sehen ... Nun ja, ich weiß es, weil ich in den dritten Himmel gegangen bin. Ich fiel Jesus zu Füßen und er sagte: „Schau mich an, meine Geliebte." Ich fühlte mich unwürdig und begann seine Hand zu küssen, die er mir entgegenstreckte ... Er umschloss stattdessen jedoch meine Wangen mit seinen Händen und ich spürte eine unglaubliche Liebe, die schlichtweg unbeschreiblich ist.
>
> Am nächsten Tag wollte ich unbedingt wieder in den dritten Himmel zurückkehren. Während einer Soaking-Zeit spürte

[1] „Soaking" (einweichen) bedeutet, dass man sich (z. B. mit Hilfe von Anbetungsmusik) ganz auf Gott ausrichtet und seine Gegenwart in sich aufnimmt.

ich wieder den warmen Hauch Jesu auf meiner Wange. Ich wusste, dass ich wieder im Himmel war. Dieses Mal nahm ich seine Hand und er hatte vor, mich in meinen eigenen, persönlichen Garten zu bringen. Ich war so aufgeregt, wie mein eigener Garten im Himmel aussehen würde. Wow, er musste einfach die ausdrucksstärksten Farben haben, die man sich vorstellen kann.

Ich ging also mit Jesus spazieren, bis wir zu einer Öffnung kamen. Da war er. Nur war er nicht so, wie ich ihn mir vorgestellt hatte. Es war ein von Schmutz bedecktes Fleckchen – keine Blumen, kein Wasserfall. Ich war ziemlich verwirrt. Ich drehte mich um und fragte Jesus: „Ist das etwa mein Garten??? Warum, Herr? Warum ein Garten voller Dreck? Sicherlich liebst du mich mehr als das hier." Jesus antwortete: „Natürlich liebe ich dich", und lächelte.

Dann wurde mir bewusst, wo ich war. Es war ein Ort aus meiner Kindheit. Es war der Hof meiner Großmutter väterlicherseits, auf dem wir Kinder herumrannten und spielten. Er war dreckig, weil das Gras aufgrund unseres ständigen Spielens nicht wachsen konnte. Ich fragte Jesus: „Warum hier? Sicherlich ist dies nicht mein Garten." Jesus sagte: „Ich habe dich hierher gebracht, weil dies der letzte Ort war, an dem du wirklich das Gefühl hattest, dass dein irdischer Papa dich liebte, und ich möchte dich wissen lassen, dass er dich heute noch genauso liebt. Auch wenn du nicht das Gefühl hast, dass er dich liebt, liebt er dich mit der ganzen Liebe, die er dir geben kann." Das traf mein Herz sehr tief. Diese Wahrheit heilte meine tiefen Wunden.

Auch wenn dieser Garten nicht der war, den ich mir vorgestellt hatte, war es der unglaublichste Garten, weil es dort Heilung gab. Während meines Besuchs im Himmel fand viel Versöhnung statt und die Liebesbeziehung zwischen mir und meinem irdischen Papa wurde erneuert. Die Heilung führte zu Vergebung, und die Vergebung führte zu einem offenen Himmel, der in das Herz meines Vaters eindrang, sodass er drei Tage bevor er starb Jesus annahm. „Juhu, Gott."

Ist das nicht wunderbar? Ein Besuch bei Gott führte zu Versöhnung. Es wurde nicht hart oder gefühllos, sondern freundlich miteinander gesprochen. Schließlich ist Gott die Liebe und die Liebe ist eine Frucht des Geistes. Denken wir, dass er uns dazu auffordert, freundlich zu sein, es selbst aber nicht ist? Schauen Sie, was sie auf Facebook geschrieben hat:

Gott sei Dank ist mir vergeben! Ich mag Fehler machen ... aber der Herr liebt mich über meine Fehler hinweg ... Er liebt wirklich, wenn er sagt, dass er liebt ... nicht nur, wenn ich mich gut benehme ... **wie sollte ich ihn nicht mit meinem ganzen Sein loben!!!**

Giseles Geschichte

Dieses Zeugnis stammt von Gisele, die das erste Studienjahr der BSSM besucht.

> Es ist unglaublich, hier in Bethel zu sein und eine Geschichten, nach der anderen über Begegnungen zu hören, die Menschen mit ihm (Gott) gehabt haben. Es ist ein Ort wie kein anderer! An jenem Abend freute ich mich darauf, in den Himmel zu gehen, weil mein Mann und ich während des Wochenendes etwas ziemlich Schwieriges erlebt hatten. Deshalb lud ich meinen Mann ein, mitzumachen. Zurzeit ist er kein BSSM-Schüler, aber Teil einer Männergruppe, in der du im letzten Herbst gesprochen hast. Er war wirklich gesegnet und freute sich auch sehr auf den Abend. Der Herr zeigte mir, dass mein „Liebestank" leer war. Das hätte ich nicht erwartet. Die Musik begann, und ich traf Jesus in meinem Garten an dem Tisch, an dem wir uns in der Regel treffen. Als ich mich zu ihm setzte, fing ich an, nach und nach mein Herz auszuschütten. Ich erzählte ihm von meinen Enttäuschungen, Verletzungen und all den Dingen, die in letzter Zeit geschehen waren. Er schaute mich an und hörte mir mit ungeteilter Aufmerksamkeit zu.

Dann nahm er meine Hand und sagte: „Ich möchte dir etwas zeigen.“ Wir rannten zusammen durch den Garten, vorbei an anderen Dingen, die er mir in der Vergangenheit gezeigt hatte. Er ließ meine Hand niemals los, bis wir dorthin kamen, wo er mir etwas zeigen wollte, was er für mich hatte. Es war ein Feld voller roter Blumen. Zunächst sah es wie ein unendlich großes Feld roter Tulpen aus, wie in einem Prospekt. Aber als ich genauer hinsah, war es ein Feld voller roter, herzförmiger Blumen. Er sagte: „Das ist alles für dich.“

Dann sagte er mir, er sei derjenige, der mich füllen könnte. Ich hatte von anderen erwartet, das zu füllen, was nur er mit seiner Liebe füllen konnte. Er beugte sich vor, füllte seine Hände mit Herzen und begann sie spielerisch auf mich zu werfen. Ich konnte sehen, dass sie in meinem „Liebestank“ landeten und dass dieser sich langsam füllte, weil ich zu „der Quelle“ gekommen war. Das Feld war endlos! Er hob immer wieder neue Blumen auf und warf sie auf mich. Er sagte mir, sie gehörten alle mir und ich könne jederzeit kommen, um mehr zu holen.

Es war echt erstaunlich! Das war, was mir gefehlt hatte. Er hat übrigens ein wunderschönes Lächeln! Mehr als drei Jahre hatte ich ein Gefühl der „Leere“ verspürt, wenn man das so sagen kann. Ich wusste nicht, was es war. Doch in dieser Zeit der Begegnung mit ihm offenbarte er es mir sofort. Er füllte mich mit seiner Liebe, wie nur er es konnte. Ich hatte fast zwei Jahre lang viele Mitglieder meiner Familie versorgt, die an sehr schweren Erkrankungen und körperlichen Verletzungen litten. Ich bin Krankenschwester und war in der Lage, das zu tun. Aber ich hatte nicht wieder „aufgefüllt“, was ich „weggegeben“ hatte. Doch in einem Augenblick im Himmel gab er mir das, was ich brauchte, und noch mehr. Er zeigte mir den Ort, an den ich jederzeit gehen konnte, um durch ihn gefüllt zu werden. Seine Liebe ist grenzenlos.

Connies Geschichte

Als Kind erhielt ich von meinem Vater keine Bestätigung, erst recht nicht, als ich älter wurde und begann, eine andere Vorstellung/Beziehung zu Gott zu haben als mein Vater. Die Stimmung war immer angespannt, wenn die Familie zusammenkam, und ich versuchte ständig, seine Anerkennung zu gewinnen.

Einmal, in einer Gebetszeit, versicherte mir Gott, er würde meinem Vater, sobald er in den Himmel käme, sagen, ich sei wirklich gerettet. Das hatte zur Folge, dass ich in meiner Beziehung zu Gott eine neue Freiheit erlebte.

Ich besuchte eine von Judys Kursen über Soaking, was mir eine ganz neue Art und Weise eröffnete, Gott nachzufolgen. Dann sah ich eine ihrer DVDs, die zeigt, wie man „in den Himmel gehen“ kann.

Ich dachte nicht an meinen Vater, als ich die Musik anmachte und vor dem Herrn auf dem Boden lag.

Als ich näher an Jesus herantrat, sah ich meinen Vater, der auf der anderen Seite neben Jesus stand. Er sah jünger aus und lachte. Mir wurde bewusst, dass es der Vater war, der er immer sein wollte: perfekt, glücklich und voller Liebe für mich. Wir mussten keine Worte miteinander wechseln. Ich „wusste“ es einfach. Das war alles, was ich brauchte, um das Bild eines zornigen, distanzierten Vaters gegen das eines liebevollen Vaters einzutauschen, den ich mir immer gewünscht hatte.

Ich sage Ihnen die Wahrheit oder, wie Jesus so oft gesagt hat: „Wahrlich, wahrlich“ möchte unser Vater alle unsere „Papa“-Wunden heilen. Er ist nicht wie unsere irdischen Väter. Auch wenn sie wirklich gut sind, sind sie nicht die besten, aber er ist der beste.

Miles Geschichte

Falls Sie denken, dass nur Erwachsene eine bedeutsame Begegnung mit Gott haben können, lassen Sie mich Ihnen die Geschichte eines Jungen erzählen, der eine außergewöhnliche Heilung erlebt hat. Ich war in Alabama und hatte dort einige Veranstaltungen. An einem Samstagabend führte ich einige Leute zum Himmelstor. Ein neun Jahre alter Junge namens Miles war in einem dieser Treffen dabei. Im Anschluss daran fragte ich Miles, was er gesehen habe. Er erzählte es vor allen Teilnehmern. Manchmal bin ich über die Salbung, die auf jungen Menschen liegt, sehr erstaunt. Miles ist eines jener Kinder, die eine wunderbare Salbung von Gott auf ihrem Leben haben. Das Folgende ist ein Bericht von Les Teel, seinem Pastor.

> Ich wollte dir erzählen, dass unsere Kinder während des Sonntagmorgengottesdienstes in der Kinderbetreuung eine Soaking-Zeit hatten. Dabei ging ein 9-jähriger Junge, der am Wochenende an der Konferenz teilgenommen hatte, in den Himmel und traf Jesus. Bei seinem Besuch brachte Jesus ihm ein Stück Pizza und sagte: „Hier! Ich möchte, dass du das isst." Da sagte der Junge zu Jesus: „Herr, ich kann keine Pizza essen. Ich bin allergisch. Das weißt du doch." [Hierzu eine Anmerkung: Dieser Junge hat mehr Allergien als jeder andere, den ich kenne. Er ist sehr allergisch auf alle Milchprodukte, Tomatensoße, Säfte aus Zitrusfrüchten, Erdnüsse, Fisch usw. Wenn er mit diesen Lebensmitteln in Berührung kommt, beginnt sich seine Kehle innerhalb von ein bis zwei Minuten zu schließen. Seine Mutter sagte, sie sei aufgrund seiner allergischen Reaktionen öfter in der Notaufnahme gewesen, als sie zählen konnte. Deshalb muss sie immer eine Adrenalinspritze bei sich haben. Es ist klar, dass er einen sehr langweiligen Speiseplan hatte.] Dann sagte Jesus zu ihm: „Wenn du mir vertraust und dieses Stück Pizza isst, werde ich dich von allen deinen Allergien heilen." Und so nahm der Junge die Pizza, die Jesus

ihm gab, und aß sie. Dann war seine „Begegnung“ vorbei. Als der Gottesdienst vorbei war, erzählte er seiner Mutter von dieser Begegnung mit Jesus. Er sagte ihr, Jesus habe ihm gesagt, er werde ihn von seinen Allergien heilen, wenn er das Stück Pizza äße, das er ihm gab. Und was jetzt kommt, haut mich wirklich um. Die Mutter beschloss, das Zeugnis ihres Sohnes von der Begegnung mit dem Herrn im Leben ihres Kindes anzuerkennen. An diesem Nachmittag gab sie ihm eine Schüssel Fruchteis, das Milch und Zitrusfrüchte enthielt (zwei der großen Tabus). Er aß es und zeigte keinerlei Anzeichen einer allergischen Reaktion.

Wie könnte man da nicht sagen: „Großer, herrlicher Gott! Jesus, du bist spitze!“ Ich bin verblüfft über den Glauben der Mutter und des Kindes. Es brauchte viel Mut, dass sie ihrem Sohn etwas zu essen gab, das ihn viele Male zuvor beinahe getötet hatte. Ich bin froh, dass sie mich nicht angerufen und um Rat gefragt hat, bevor sie es tat. Sonst hätte ich es ihnen vielleicht vermasselt. Gott sei Dank! Und wer hätte gedacht, dass Jesus während einer himmlischen Erscheinung einem Jungen ein Stück Pizza geben würde, das ihn von allen Nahrungsmittelallergien heilt?

Ich rief Judy an und fragte sie, ob jemals jemand aufgrund der himmlischen Begegnungen mit dem Herrn körperlich geheilt worden sei, so wie es bei diesem Jungen der Fall gewesen war. Und sie sagte: „Nein, bisher nicht.“ Gott ist also allezeit gut. Er hört nie auf, uns mit dem zu überraschen, was er als Nächstes vorhat. Und so hat Judy dazu beigetragen, uns in eine neue Dimension der Heilung hineinzuführen, die wir vorher noch nicht zuvor erlebt hatten. Wir sind überwältigt.

Jeffs Geschichte

Gott heilte Miles, während er eine Erfahrung mit dem Himmel hatte. Wow! Könnte es sein, dass Gott so etwas noch einmal tun würde? Jeff war eine wunderbare Person. Er besuchte unsere Gemeinde und war mit Bill Johnson persönlich befreundet. Jeff hatte Krebs. Jeden Tag gingen Menschen zu ihm, um für ihn zu beten. Jeff ist inzwischen beim Herrn. Er ist einer der starken Kämpfer, die die Schlacht gegen den Feind scheinbar verloren haben. Doch nicht der Feind hat gesiegt, sondern Jeff.

Seine Frau, Shelly, schrieb einem Freund einen Brief mit Jeffs Zeugnis aus jener Zeit. Vor Kurzem fragte sie mich, ob ich es lesen wolle. Ich muss sagen, dass es mir schwerviel, durch die Tränen hindurch zu lesen, die mir übers Gesicht strömten. Damals wusste ich nicht, welche Auswirkungen diese Erfahrung auf Jeff oder seine Familie hatte, weshalb dieser Brief mich tief berührte. Ich fragte Shelly, ob ich ihn in mein Buch aufnehmen dürfe. Zu diesem Zweck habe ich ihn leicht bearbeitet.

Lieber Zac,

jeden Tag schickte Bill für mehrere Stunden „Heilungsteams“ und verschiedene Leiter zu uns. Bevor Judy mit ein paar anderen in unserem Haus auftauchte, hatte ich noch nie von ihrer „Begabung“ gehört. Sie erzählte uns, Bill wolle, dass sie Jeff in den Himmel führe (und natürlich auch wieder zurück ... sie machten Witze darüber ☺) und den Vater bzw. Jesus fragte, was los sei. Jeff war ihr und dem Team gegenüber sehr offen und ehrlich und sagte ihnen, er sei von Natur aus und auch aufgrund seines Berufes ein höchst kritischer Denker und eine sehr skeptische, logischdenkende Person. Er sagte ihnen, er wisse zu viel über Hypnotherapie, sodass er nicht in der Lage sei, sich „gehen“ zu lassen, obwohl er nicht an Judys Erfahrung zweifele. (Jeff hatte einst Entspannungsworkshops für Gefängnisinsassen durchgeführt ... Er hatte ein Herz für diesen Teil der Bevölkerung und für jugendliche Straftäter und Kinder ... ja, und er liebte alte Leute wirklich sehr.) Er sagte ihnen, er sei bereit mitzumachen, er werde es ihnen aber sagen, wenn er das Gefühl habe, dass er die Erfahrung selber herbeiführe. „In Ordnung", sagte Judy. Judy fragte mich, ob ich mitgehen wolle, und ich sagte, dass ich lieber beobachten würde, um Jeff später erzählen zu können, was passierte. Ehrlich gesagt, war ich tief in meinem Innern ein wenig skeptisch. Außerdem war ich ziemlich sicher, dass Jeff zu analytisch war, als dass dies „funktionieren" würde.

Judy begann damit, mit Jeff und den anderen zu beten und bat Jeff anschließend, die Augen zu schließen. Sie leitete auf eine Art und Weise, die sehr an geführte Fantasiereisen erinnerte, eine Technik, die Therapeuten und Psychologen für Hypnose und Entspannung verwenden. Daher dachte ich: *O nein, das wird bestimmt nicht funktionieren.* Sie sprach sehr leise und langsam und beschrieb, wie es ist, wenn man im Himmel ist ... Jeff unterbrach sie immer wieder und sagte: „Entschuldigung Judy, aber ich denke, ich zwinge mich dazu, mir vorzustellen, was du sagst." Judy sagte dann in ihrer ruhigen Art: „Das ist in Ordnung, Jeff. Mach dir darüber keine Sorgen ... Stell dir einfach vor, du seist in der Himmelswelt." Jeff unterbrach sie sicher ein halbes Dutzend Mal ... Ich wurde langsam nervös, weil ich dachte, es würde eine „Pleite" und eine Enttäuschung für alle werden. Zac, ich muss noch etwas erwähnen: Jeff war nie der Typ, der „schauspielerte". Er hasste Pantomime-Spiele oder irgendetwas anderes dieser „vortäuschenden" Art ... Ich muss das klarstellen, bevor ich darüber berichte, was dann geschah.

Nach einer gewissen Zeit, vielleicht 15 oder 20 Minuten ... vielleicht aber auch nach einer halben Stunde änderte sich etwas. Ich konnte es auf Jeffs Gesicht sehen. Er sah so glücklich aus, und es schien, als sähe er etwas. Einer von Judys Leuten sagte leise: „Siehst du die Bank in dem Garten?" Der Blick auf Jeffs Gesicht sagte alles. Er neigte den Kopf zur Seite, als wolle er sagen: „Ja, und woher weißt du das?" Er fühlte sich ertappt. Judy forderte Jeff nun auf, zur Bank zu gehen und sich hinzusetzen. Ich konnte sehen, dass Jeff nicht hier, sondern dort war. Der Heilige Geist war im Raum stark spürbar und ich wollte mich an alles erinnern ... Gänsehaut folgte auf Gänsehaut. Jeff sagte: „Okay, ich sitze auf der Bank im Garten." Dabei hatte er das schönste Lächeln auf dem Gesicht. Judy fragte: „Siehst du Jesus?" (Ich hielt meinen Atem an.) Jeff hielt inne, als genieße er etwas Köstliches ... und lächelte. Dann bildeten sich hinter seinen geschlossenen Augen Tränen ... „Ja, er ist hier bei mir." Wieder war der Heilige Geist auf so eine überwältigend berauschende Weise im Raum. Da wurde mir bewusst, dass all diese Menschen im Raum das sehen konnten, was Jeff sah. Sie sahen die Bank, den Garten und Jesus. Ich fing an, mir zu wünschen, ich wäre mitgegangen, aber ich wollte wirklich ein guter Berichterstatter für Jeff sein, wenn er zurückkam.

Judy sagte: „Jeff, frag Jesus nach deinem Krebs." Jeff sagte laut: „Jesus, erzähl mir etwas über diesen Krebs." Jeffs Gesicht sah beunruhigt aus und er runzelte die Stirn ... Was er sagte, ließ mich zusammenzucken. „Ich habe einen riesigen Haken in meinem Herzen. Es ist ein Haken, der mich begleitet, seit ich ein kleiner Junge war und mein Herz gebrochen wurde." (Ich wusste, worum es sich dabei handelte ... Jeffs Eltern ließen sich scheiden, als er noch ein Baby war. Seine Mutter heiratete den sprichwörtlich bösen Stiefvater und griff nicht ein, wenn er grausam war. Sein leiblicher Vater verließ ihn.) Jeff und mir liefen Tränen übers Gesicht. Judy sagte: „Bitte Jesus darum, den Haken zu entfernen." Jeff wartete eine Weile und zeigte dabei verschiedene Gesichtsausdrücke. Schließlich sagte er, Jesus habe das Ende abgesägt und den Haken herausgezogen. Jeff sagte: „Auf meinem ganzen Körper sind Haken." Judy sagte: „Bitte Jesus, sie alle zu entfernen." Jeffs Gesicht glühte während der Zeit, die es brauchte, um die Haken zu entfernen.

Dann sagte jemand – ich kann mich nicht erinnern, ob es Judy oder einer der anderen war: „Hat Jesus etwas für dich?" Wieder nickte Jeff und bestätigte damit, dass sie

> wussten, was er wusste ... Jeff lächelte und sagte: „Nun ja, Jesus hält ein Geschenk in der Hand." Jemand sagte: „Mach es auf ... Es ist für dich!" Nun, zu diesem Zeitpunkt wusste ich ganz sicher, dass Jeff das Ganze nicht einfach nur so mitmachte ... Ich musste zweimal hinschauen, während Jeff die Bewegungen machte, als würde er die Schleife aufziehen und den Deckel des Kästchens öffnen, das quadratisch zu sein schien (aufgrund der Art und Weise, wie er sie handhabte). Jeff lachte einmal kurz überrascht auf ... Wir alle fragten: „Was ist es?" Ich war mir sicher, dass es ein Edelstein oder etwas Kostbares war. Jeff sagte: „Ein riesiger Marshmallow. Jesus sagte, dass er wie dieser Marshmallow ist ... süß und weich und gut." (Zac, Jeff hat zwei Lieblingsspeisen: Popcorn und Marshmallows.)
> Jeff nahm sich Zeit, noch etwas länger bei Jesus zu bleiben, und schließlich führte Judy ihn zurück. (Ich kann mich daran nicht erinnern, wie sie es gemacht hat, und ich denke, am Ende war auch ich fast mit dabei. Ab diesem Zeitpunkt zeigte sich in Jeffs Persönlichkeit eine absolut dramatische Veränderung ... reine Liebe, wie ich ihn nie gekannt hatte. Die Kinder und ich waren fassungslos. Es geschah in einem Augenblick ... Irgendetwas daran, im Himmel und bei Jesus gewesen zu sein und alle seine Haken entfernt zu bekommen, hatte etwas bewirkt.

Jeff ist inzwischen bei Jesus und kann immerzu dessen Schönheit betrachten. Er ist jetzt außerdem ein Teil der Gruppe namens „Wolke von Zeugen", die uns anfeuern (vgl. Hebr 12,1).

Gott ist so gut. Das ist eine riesige Untertreibung, denn es gibt keine Worte, die genau darstellen könnten, wie unglaublich gut er ist.

> *Halleluja!*
> *Preist den HERRN, denn er ist gut!*
> *Denn seine Gnade währt ewig* (Ps 106,1).

Lizzies Geschichte

Ich erhielt ein weiteres Zeugnis von einer Mutter, die anfing, Jordan, ihren schwer autistischen Sohn, mit in den Himmel zu nehmen, als er ungefähr sechs Jahre alt war. Die Mutter hatte seit Jahren für ihn gebetet, und der Herr hatte ihr bestimmte Anweisungen für ihr Gebet gegeben. An einem Punkt hatte der Herr sie aufgefordert, ihren Sohn in den „Himmel zu bringen". Das erste Mal beschrieb Jordan eine schimmernde Lichtwolke, die auf ihn zukam und ihn einhüllte, und das zweite Mal sah er Sterne und Planeten und einen Platz mit wunderschönen Bäumen. Die Besuche wurden ein Teil seines abendlichen Zubettgeh-Rituals. Sie brachte ihn kurz vor dem Schlafengehen in den Himmel und ließ ihn beschreiben, was er sah.

Eines Abends trug der Herr ihr auf, Jordan in seinen Thronsaal zu bringen. Im Thronsaal angekommen, sah er den Vater auf einem Schaukelstuhl sitzen. Also forderte sie ihn auf, loszurennen und sich auf den Schoß des Vaters zu setzen. Das tat er. Der Vater nahm ihn in die Arme und begann Jordan leise ein Lied zuzusingen: „Ich liebe dich, ich liebe dich." Jordan schilderte dann, es würde etwas, das wie grüne Röntgenstrahlen aussah, auf ihn zukommen. Sie schienen aus dem Mund des Vaters zu kommen. Grün steht für neues Leben und neue Anfänge.

Von diesem Zeitpunkt an hat Jordan bemerkenswerte Fortschritte gemacht. Er ist gesprächiger geworden, interagiert mit Menschen und ist sogar in der Lage, Blickkontakt zu halten. Seine Mutter sagt: „Wenn der Schlüssel zur Heilung von Autismus darin liegt, Kinder in den Himmel zu bringen, wo der Vater ihnen ein Lied zusingen kann, dann müssen wir das tun."

KAPITEL 28

Loslassen und Gott machen lassen

von Beni Johnson

Viele Menschen, die dieses Buch lesen, können sich mit Judys Leben identifizieren und sagen: „Ja, das bin ich.“ Und einige, die es lesen, können sich vielleicht überhaupt nicht damit identifizieren. Doch möchte ich Ihnen sagen, dass wir alle eine Begegnung mit dem Vater brauchen. Ich liebe es, zu wissen, dass die Zerbrochenen frei sein werden, und dass es ihnen möglich ist, mit dem Vater zusammenzusitzen, sich von ihm lieben zu lassen und durch himmlische Begegnungen erneuert zu werden. Aber ich bin auch froh darüber, dass *alle* kommen dürfen.

Beim Lesen dieses Buches können Sie sehen, dass Judy eine außergewöhnliche Gabe hat. Menschen dabei helfen zu können, eine Begegnung mit unserem Vater zu haben, ist beeindruckend.

In jedem von uns liegt eine tiefe Sehnsucht, Gott, Jesus und den Heiligen Geist zu lieben und mit ihnen verbunden zu sein.

Vor vielen Jahren machte ich eine Erfahrung, die mich mit der Dreieinigkeit verbunden hat. Danach war ich nicht mehr dieselbe. Was ich gelernt habe, ist, dass Gott sich danach sehnt, uns himmlische Begegnungen mit ihm zu schenken. Und es handelt sich dabei nicht um ein einmaliges Ereignis. Es gibt einen Spruch, den ich schon oft gehört habe: „Diese Person ist so himmlisch gesinnt, dass sie keinen Nutzen für die Welt hat.“ Ich möchte Ihnen sagen, dass das nicht wahr ist. Der Spruch sollte eigentlich lauten: „Diese Person ist so himmlisch gesinnt, dass sie einen außerordentlichen Nutzen für diese Welt hat."

Gott möchte uns so viel beibringen und lernen lassen. Einer seiner Wege dafür sind himmlische Begegnungen mit ihm.

Judy und ich leiteten einmal eine Frauenkonferenz in Georgia. Judy war an der Reihe, in einer der Einheiten zu sprechen. Sie hatte mir gesagt, dass sie aus ihrem Leben erzählen und dann alle in eine himmlische Begegnung führen würde. Ich war sehr aufgeregt. Ich hatte zuvor meine eigene Begegnung mit Gott gehabt, war aber noch nie dabei gewesen, wenn Judy Menschen darin anleitete. Ich beschloss, nicht einfach nur dazusitzen und zu beobachten, sondern mit einzusteigen und alles mitzunehmen, was nur möglich war. Am Ende ihres Vortrags bat sie alle, die dazu in der Lage waren, sich auf den Boden zu legen und es sich gemütlich zu machen. Dann bat sie uns, die Augen zu schließen und uns vorzustellen, wie Jesus auf uns zukommt. Ich sah Jesus sofort (meine „geheiligte Vorstellungskraft" ist wirklich lebendig). Judy bat uns dann, herauszufinden, ob er irgendetwas zu uns sagte. Mir sagte er, dass er mich liebe. An das, was Judy danach noch erwähnte, erinnere ich mich nicht mehr, weil ich in den Himmel versetzt wurde.

Paulus sagte:

> *Ich kenne einen Menschen, der zu Christus gehört und der – es ist jetzt vierzehn Jahre her – bis in den dritten Himmel versetzt wurde. Ob er dabei in seinem Körper war, weiß ich nicht; ob er außerhalb seines Körpers war, weiß ich genauso wenig; Gott allein weiß es* (2 Kor 12,2).

Ich schaute meine Kleidung an und sah, dass ich ein schönes, langes, weißes Baumwollkleid trug. Ich sah zu Jesus hoch. Dieser hob mich hoch, drehte sich um und ging dann zu einer Art Landhaus hin. Bevor wir das Haus erreichten, stellte er mich auf den Boden. Ich wusste sofort, dass dies mein Haus war. Das Gefühl, das ich während dieser Zeit verspürte, war Freude. Ich war sehr glücklich. Ich hatte auch das Gefühl, dass es das Ende aller Zeit war. Alle Generationen waren im Himmel. Die Ewigkeit hatte angefangen. Als ich dieses schöne, kleine englische Haus erblicke, das auf der linken Seite von einem englischen Garten umgeben war und auf der rechten Seite eine grasbewachsene Fläche hatte, hörte ich Kinder, die von der Rückseite des Hauses auf dem Rasen herbeikamen. Das erste Kind, das ich sah, war Kennedy, unsere älteste Enkeltochter. Als sie mich sah, rief sie den anderen Enkelkindern zu: „Oma ist jetzt hier. Wir können spielen", und schon lief sie mit den anderen Kindern davon.

Während all dies passierte, weinte ich. Eigentlich ist das viel zu milde ausgedrückt. Ich heulte Rotz und Wasser. Nicht weil ich traurig war, sondern aus purer Freude und Glück. Ich bin jemand, der viel durch Gefühle wahrnimmt, deshalb ist es sehr wichtig für mich, Dinge zu fühlen. Damit kann ich etwas anfangen. Ist es nicht genial, dass der Vater uns auf die Art begegnet, die zu uns passt?

Jedenfalls drehte ich mich dann zu meiner Rechten, sah hinter mich und entdeckte meine Großmutter väterlicherseits. Sie war von vielen Kindern umgeben. Die Mutter meines Vaters war gläubig, solange ich denken konnte. Sie hatte viele Jahre lang in der Sonntagsschule unterrichtet und war eine beeindruckende Frau. An dem Tag, an dem sie sich aus der Sonntagsschule zurückzog, stand sie auf der Bühne der Gemeinde, wo die Leiter sie für all die Jahre ihrer Mitarbeit ehrten. Als sie dort auf der Bühne stand und von den Gemeindeleitern und ihrer Gemeindefamilie geehrt wurde, brach sie aufgrund eines Schlaganfalls zusammen. Fünf Tage später ging sie heim, um bei Jesus zu sein.

Als ich sie im Himmel mit all diesen Kindern sah, war ich begeistert. Ich erkannte, dass sie das, was sie für Gott hier auf der Erde getan hatte, nun im Himmel tat. Sie liebte Kinder und liebte sie jetzt im Himmel genauso.

Dann schaute ich mich noch einmal um. Diesmal schaute ich auf meine linke Seite und sah meine Großmutter mütterlicherseits. Die Mutter meiner Mutter war viele Jahre lang

Pastorenehefrau gewesen. Damals erhielt sie aber nicht die Anerkennung, die Pastoren und ihren Frauen heutzutage entgegengebracht wird. Sie wurde sehr bitter der Gemeinde und meinem Großvater gegenüber. Schließlich ließ sie sich von meinem Großvater scheiden und lebte jahrelang in Bitterkeit, die sie schließlich auch körperlich beeinträchtigte. Es gab aber auch gute Zeiten mit Oma. Eine Sache, an die ich mich erinnere, war ihr Lachen. Sie war eine große Frau. Wenn sie etwas lustig fand, warf sie ihren Kopf nach hinten, öffnete ihren Mund und lachte so laut, dass man ihre Mandeln sehen konnte. Es machte mich so glücklich, sie glücklich zu sehen. Als ich bei dieser Begegnung im Himmel sah, wie sie ihren Kopf zurückwarf, ihren Mund öffnete und ein lautes Lachen erschallte, musste ich lächeln. Gott hatte alle Verletzungen weggenommen und sie konnte wieder Oma sein.

Dann wandte ich meine Aufmerksamkeit erneut dem Haus zu. Gerade da lief Bills Vater an mir vorbei, blieb stehen und sah mich an. Er sagte: „Du tust Bill gut." Das ist alles, was er sagte, und das war genug.

Während der gesamten Begegnung konnte ich das Gefühl, das ich empfand, nicht ganz einordnen. Es fühlte sich vertraut an, aber ich konnte nicht herausfinden, was es war. Ich lag einfach auf dem Boden, ruhte darin, und dann traf mich die Erkenntnis: Das ist Frieden. Aber was bei diesem Frieden anders war, war, dass es vollkommener Friede war. Vollkommener Friede. Noch nie zuvor hatte ich so viel Frieden in einer solchen Vollkommenheit verspürt. Es überwältigte mich völlig. Ich wollte dieses Gefühl nie verlieren. In meinem Kopf war kein Lärm. Sie wissen sicher, worüber ich rede: die Art Lärm, die einen ablenkt und zu viel nachdenken lässt. Der Krieg in meinem Kopf war weg! Ich lag in vollkommenem Frieden da. Ich wollte nicht weg. Ich wusste, dass dieser Frieden weggehen würde, wenn ich von diesem Ort wegging.

Dann hörte ich Judy sagen: „In Ordnung, wir werden nun aufhören." Innerlich schrie ich: „Nein, nein, nein, ich möchte diesen Ort nicht verlassen!" Natürlich wissen wir, dass wir wieder zurückkommen müssen, da unser Leben ja weitergeht. Aber ist es nicht wunderbar, dass wir durch diese Zeiten mit dem dreieinigen Gott geprägt werden und wir uns danach anders verhalten und reden? Während ich wieder zu mir kam, erinnerte ich mich an etwas, was mein Mann kürzlich gelehrt hatte. Er hatte gesagt: Wenn Gott uns in seinen Weinberg einlädt und uns ein Geschenk gibt, gehört es uns für immer. Wir können es haben, wann immer wir wollen. An diesem Tag nahm ich das Geschenk des Friedens mit, und ich weiß, dass der Friede mir immer zusteht. Mein Kopf kommt mir immer noch in die Quere, aber ich arbeite daran.

Ich habe das Privileg, dass ich über himmlische Begegnungen lehren und Leute danach ihre Erfahrungen mitteilen lassen kann. Einmal habe ich darüber in einem Workshop bei einer der Jugendkonferenzen unserer Gemeinde gelehrt. Als ich mit dem Vortrag fertig war, erklärte ich den Teilnehmern, dass wir nun eine Soaking-Zeit hätten und viele von ihnen himmlische Erfahrungen machen würden. Als wir fertig waren, fragte ich, ob jemand von ihnen erzählen wolle, was passiert war. Ein Jugendlicher hob seine Hand und sagte, seine Eltern seien gestorben, als er drei Jahre alt war und dass er in der Soaking-Zeit in den Himmel gebracht worden sei und dort seine Eltern gesehen habe. Eine andere Geschichte kam von einem Jugendpastor. Er wurde zum Beginn der Zeit geführt, als Gott die Welt erschuf. Während er Gott reden hörte, sah er, wie die Dinge, die Gott aussprach, in Existenz kamen. Er sagte, es sei so beeindruckend gewesen, mit anzusehen, wie all die Farben und Dinge erschaffen wurden.

Oft sehen wir, wie Menschen in ihren Begegnungen mit Gott geheilt werden. Eine Frau erzählte uns, sie habe während ihrer Begegnung mit Gott erlebt, dass er ihr seine Liebe zeigte und sie von manchen Dingen befreite. Als sie danach wieder aufstand, war sie auch körperlich völlig geheilt.

An dieser Stelle möchte ich zur Vorsicht aufrufen. Wenn wir Begegnungen mit dem Herrn haben, wollen wir ihn nicht herumkommandieren. Ich erinnere mich an eine Frau, die über ihre Erfahrung berichtete und dabei erzählte, wie sie Gott gesagt habe, er solle dieses und jenes tun. Irgendetwas fühlte sich bei diesem „Herumkommandieren" nicht richtig an. Eine andere Sache, die wir beachten müssen, ist, dass wir diese Erfahrung nicht machen, um Tote oder Engel heraufzubeschwören. Das wäre Totenbeschwörung, eine Form der Zauberei.

In 1 Samuel 28,1-15 sehen wir, was mit Saul passierte, als er das versuchte:

> *Und es geschah in jenen Tagen, da versammelten die Philister ihre Heere zum Krieg, um gegen Israel in den Kampf zu ziehen. Und Achisch sagte zu David: Du erkennst sehr wohl, dass du und deine Männer mit mir im Heer ausziehen müssen.*
>
> *David entgegnete Achisch: Gut, auch du wirst erkennen, was dein Knecht tun wird. Und Achisch sagte zu David: Gut, ich will dich zu meinem Leibwächter für die ganze Zeit machen.*
>
> *Samuel aber war gestorben, und ganz Israel hatte ihm die Totenklage gehalten und ihn in seiner Stadt Rama begraben. Und Saul hatte die Totenbeschwörer und Wahrsager aus dem Land vertrieben.*
>
> *Und die Philister versammelten sich, kamen und lagerten bei Schunem. Und Saul versammelte ganz Israel, und sie lagerten auf dem Gebirge Gilboa.*
>
> *Und als Saul das Heer der Philister sah, fürchtete er sich, und sein Herz verzagte sehr.*
>
> *Und Saul befragte den HERRN; aber der HERR antwortete ihm nicht, weder durch Träume noch durch die Urim, noch durch Propheten.*
>
> *Da sagte Saul zu seinen Knechten: Sucht mir eine Frau, die Tote beschwören kann, damit ich zu ihr gehe und sie befrage! Und seine Knechte sagten zu ihm: Siehe, in En-Dor ist eine Frau, die Tote beschwören kann.*
>
> *Und Saul machte sich unkenntlich, zog andere Kleider an und ging hin, er und zwei Männer mit ihm, und sie kamen*

zu der Frau bei Nacht. Und Saul sagte: Wahrsage mir doch durch Totenbeschwörung und bringe mir herauf, wen ich dir nennen werde!
Aber die Frau antwortete ihm: Siehe, du kennst ja das, was Saul getan hat, wie er die Totenbeschwörer und die Wahrsager aus dem Land ausgerottet hat. Und warum stellst du mir eine Falle, um mich zu töten?
Und Saul schwor ihr bei dem HERRN: So wahr der HERR lebt, es soll dich in dieser Sache keine Schuld treffen!
Da sagte die Frau: Wen soll ich dir heraufholen? Und er erwiderte: Hole mir Samuel herauf!
Als aber die Frau Samuel sah, schrie sie laut auf und sagte zu Saul: Warum hast du mich betrogen? Du bist ja Saul!
Und der König sagte zu ihr: Fürchte dich nicht! Nun, was siehst du? Die Frau antwortete Saul: Ich sehe einen Geist aus der Erde heraufsteigen.
Er sagte zu ihr: Wie sieht er aus? Und sie antwortete: Ein alter Mann steigt herauf. Er ist in ein Oberkleid gehüllt. Da erkannte Saul, dass es Samuel war, und er neigte sich mit seinem Gesicht zur Erde und fiel nieder.
Und Samuel sprach zu Saul: Warum hast du meine Ruhe gestört, dass du mich heraufkommen lässt?

Die Auswirkung davon war für Saul und seine Söhne im wahrsten Sinne des Wortes tödlich. Samuel sagte ihm in Vers 19, dass Israel an die Philister gegeben würde und er und seine Söhne am nächsten Tag sterben würden. Auf solche Dinge sollte man sich nicht einlassen, und Gott scheint da keinen Spaß zu verstehen.

Einige Jahre nachdem Bills Vater gestorben war, stand eine der Frauen aus unserer Gemeinde an einem Sonntag in unserem Gottesdienstraum, bevor der Gottesdienst begann. Sie beobachtete die Leute, die durch den Hintereingang hereinkamen. Plötzlich stutzte sie, weil sie Bills Vater hereinkommen und durch den Raum gehen sah. Das hatte sie ganz und gar nicht erwartet und war, um es milde auszudrücken, schockiert. Ich glaube, dass Gott den Vorhang zwischen dem Sichtbaren und dem Unsichtbaren oft dann öffnet, wenn wir es am wenigsten erwarten. Dann können wir einen kleinen Einblick in das bekommen, was in der himmlischen Welt geschieht.

Wir sollten kein Interesse daran haben, solchen Ereignissen nachzuhelfen. Wenn sie geschehen, dann ist das spannend, aber wir müssen aufpassen, diese Linie nicht zu übertreten und auf falsche Wege zu geraten.

Eine meiner Lieblingsgeschichten der Bibel handelt von den himmlischen Begegnungen des Johannes, dem Geliebten. In Offenbarung 4,1-3 erzählt Johannes seine Vision:

> *Danach wurde mir etwas anderes gezeigt. Ich sah im Himmel eine geöffnete Tür und hörte, wie die gleiche Stimme, die schon zuvor mit mir gesprochen hatte und die wie eine Posaune klang, zu mir sagte: »Komm hier herauf! Ich werde dir zeigen, was nach den Dingen, von denen du bereits gehört hast, noch kommen muss.«*
> *Im gleichen Augenblick wurde ich vom Geist Gottes ergriffen. Ich sah einen Thron im Himmel stehen, und auf dem Thron saß jemand, von dem ein Leuchten ausging wie von einem Diamanten oder einem Karneol. Ein Regenbogen, strahlend wie ein Smaragd, umgab den Thron mit seinem Glanz.*

Dies war eine von vielen Erscheinungen, die Johannes hatte. Anhand der Begegnung von Johannes können wir sehen, dass es Gottes Absicht ist, uns in seine Dimension zu versetzen, um uns dort seine herrlichen Geheimnisse zu enthüllen.

So viele von uns haben dafür gebetet, dass mehr vom Himmel auf die Erde kommt. Ich glaube, dass Gott unsere Gebete beantwortet, den Vorhang hebt und uns Erfahrungen mit ihm schenkt. Die Barriere zwischen dem Sichtbaren und Unsichtbaren wird, wie St. Patrick sagte, „dünn“.

Wenn wir beten *„Dein Reich komme, dein Wille geschehe, wie im Himmel so auf Erden"*, können wir sicher sein, dass er unsere Gebete beantwortet, weil er uns mit einer immerwährenden Liebe liebt. Er möchte, dass alle Männer, Frauen und Kinder diese Liebe erfahren und in sein Ebenbild verändert werden.

Zusammenfassung

Manchmal habe ich mich gefragt, ob meine Visionen ein Ende nehmen würden, aber sie setzen sich fort. Doch sind die Visionen inzwischen anders und die Lektionen schwerer zu lernen. Ich stelle fest, dass ich länger an einem Ort verweilen muss, um die jeweilige Lektion zu verstehen, die Gott mich lehren will. Ich habe gelernt, dass Gott sich an unseren unterschiedlichen Persönlichkeiten erfreut und jeder von uns einen eigenen Klang und ein eigenes Lied hat. Ich habe außerdem erkannt, dass wir jederzeit die Gegenwart des Vaters, Sohns und des Heiligen Geistes wahrnehmen und sozusagen über den Umständen leben sollen. Ich bin sogar in ein Becken voller Licht gesprungen – ich trage diesen hellen Glanz wie eine Eiswaffel, die mit Schokolade überzogen ist.

Ich möchte Sie wissen lassen, dass mein Gebet für Sie ist:

> *(...) dass er euch nach dem Reichtum seiner Herrlichkeit gebe, durch seinen Geist mit Kraft gestärkt zu werden an dem inneren Menschen,*
> *dass der Christus durch den Glauben in euren Herzen wohne, damit ihr, in Liebe gewurzelt und gegründet,*
> *dazu fähig seid, mit allen Heiligen zu begreifen, was die Breite, die Länge, die Tiefe und die Höhe sei,*
> *und die Liebe des Christus zu erkennen, die doch alle Erkenntnis übersteigt, damit ihr erfüllt werdet bis zur ganzen Fülle Gottes* (Eph 3,16-19 SLT).

Kontakt-E-Mail-Adressen, wenn Sie die Autoren als Sprecher einladen möchten:

Judy Franklin: judyfranklin@me.com

Beni Johnson: prayfor5@aol.com

Weitere Bücher aus der Bethel Church

Beni Johnson, Der glückliche Fürbitter

Mit Gott die Welt bewegen, ohne die Freude zu verlieren
Vorwort von Bill Johnson; 180 S., Paperback

Beni Johnson (die Frau von Bill Johnson) nimmt uns mit auf ihre Reise von einer schüchternen Person zu einer kühnen, aber glücklichen Fürbitterin. Gott offenbarte ihr einen Weg, wie sie aus seiner Gegenwart und seiner Liebe heraus in Einklang mit seinem Herzen effektiv beten kann.

Dieser Weg steht jedem Menschen offen. Fürbitte muss nicht dazu führen, dass uns die Anliegen und Probleme, für die wir eine Last haben, unter Druck bringen oder emotional beeinträchtigen. Den Himmel auf die Erde zu holen, kann sogar regelrecht Spaß machen. Unmögliches wird plötzlich möglich – ob es dabei um „kleine" Dinge in unserem persönlichen Umfeld geht oder um die Veränderung des geistlichen Klimas über unseren Städten und Nationen.

Barry & Lori Byrne, Liebe in der Ehe

Eine tiefere geistliche, emotionale und körperliche Einheit erleben; Vorwort von Bill Johnson; 334 S., Klappenbroschur

Gott möchte, dass die Ehe ein Ort echter Liebe und Vertrautheit ist. Dafür brauchen wir die Hilfe des Heiligen Geistes. Mit ihm können wir die Ursachen unserer Konflikte erkennen und überwinden. Unsere Ehe kann Heilung und Wiederherstellung erfahren, egal, wie der momentane Zustand ist.

Mit klarer biblischer Lehre und vielen praktischen Hilfen packen die Autoren die wichtigsten heißen Eisen an. Viele ermutigende Erfahrungsberichte verdeutlichen die dramatische Heilung und Intimität, die mit Gottes Hilfe möglich ist.

Danny Silk, Erziehung mit Liebe und Vision

Herzensbeziehungen eingehen statt Machtkämpfe austragen
Vorwort von Bill Johnson; 170 S., Pb.

Danny Silk fordert uns in unserem bisherigen Denken über Liebe, Disziplin und Respekt, ja in unserer generellen Vorstellung von Kindererziehung heraus. Er stellt eine Denk- und Lebensweise vor, die eine Leichtigkeit und Frieden in unsere familiären und sonstigen Beziehungen bringt.

Unser Herz spielt dabei die zentrale Rolle. Das Herz der Eltern und das Herz der Kinder. Wenn beide Seiten verstehen, wie sich ihr jeweiliges Verhalten auf das Herz des anderen auswirkt, werden die Herzen geschützt und Beziehungen können gedeihen.

Bill Johnson / Randy Clark, Berufen zu heilen I

Grundlagen und Praxis des Gebets für Kranke, 240 S., Pb.

Jeder Christ kann von Gott gebraucht werden, um anderen Heilung zukommen zu lassen. Das ist das Anliegen der beiden Autoren. Dazu berichten Sie, wie Gott sie in den Heilungsdienst hineinführte, und legen anschließend klare biblische Grundlagen für das Heilungsgebet. Im umfangreichsten Teil gehen sie auf verschiedene Aspekte ein, die für eine Heilung förderlich sind, erläutern, wie seelische und körperliche Krankheiten zusammenhängen und stellen dann ein in der Praxis bewährtes Modell für das Gebet um Heilung vor, das für alle Christen leicht anwendbar ist.

Bill Johnson / Randy Clark, Berufen zu heilen II

Die Autoren im Gespräch über ihre Erfahrungen und Erkenntnisse aus der Praxis, 180 S., Pb.

Dieses inspirierende, informative, einzigartige und sehr ehrliche Buch enthält viele Geschichten, praktische Erfahrungen und Erkenntnisse, über die die Autoren bisher noch nicht gesprochen oder gelehrt haben. Dazu haben sich die Autoren gegenseitig interviewt. Themen sind u. a.:

Warum und wie sie in den Heilungsdienst geführt wurden | Ihre Erfolge und Misserfolge | Die Durchbruchserlebnisse, die sie vorangebracht haben | Die erstaunlichsten Wunder, die sie erlebt haben | Die wichtigsten Erfahrungen und Erkenntnisse | Bewährte Tipps für einen effektiveren Dienst.

Dieses inspirierende, informative, einzigartige und sehr ehrliche Buch enthält viele Geschichten, praktische Erfahrungen und Erkenntnisse, über die die Autoren bisher noch nicht gesprochen oder gelehrt haben.

Chris Overstreet, Übernatürlich evangelisieren

Ein Handbuch für die Praxis

Vorwort von Bill Johnson; 160 S., Pb.

Übernatürlich evangelisieren hat das Potenzial, in uns das Feuer der Liebe Gottes zu entzünden, um Menschen, die Gott nicht kennen, mit seinem Herzen und seiner Kraft in Berührung zu bringen. Wir lernen uns ganz praktisch in das einzuklinken, was Gott mit den Menschen vorhat, denen wir im Alltag begegnen – wie es auch Jesus getan hat.

Zu den behandelten Themen gehören: Eine Reich-Gottes-Mentalität pflegen | Grundwerte des Evangelisierens | Wie wir Menschen zum Herrn führen können | In der Öffentlichkeit für Kranke beten | Prophetisches Evangelisieren | Angst und Ablehnung überwinden. Jedes Kapitel schließt mit einem Anwendungsteil, um das Gelernte zu reflektieren und in der Gruppe zu besprechen sowie im Alltag anzuwenden.

Weitere Produkte von GloryWorld-Medien

„Kirche nach dem Herzen Gottes"

Milt Rodriguez, **Dreieinig**

Gottes gemeinschaftliches Leben – Vorbild für die Gemeinde und alle Beziehungen; 180 Seiten, Paperback

Die trinitarische Gemeinschaft von Gott Vater, Sohn und Heiligem Geist bildet die eigentliche Lebensquelle der Gemeinde. Dies hat viele unmittelbar praktische Konsequenzen.

Das gemeinschaftliche Leben innerhalb der Gottheit ist nämlich dasselbe göttliche Leben, aus dem die Glieder am Leib Jesu ihr ewiges Leben und ihre Liebe zueinander schöpfen. Rodriguez stellt seine biblisch fundierten, aber auch überraschenden Einsichten in den heilsgeschichtlichen Rahmen, der sich von 1. Mose bis zur Offenbarung spannt.

Gary Oates, **Öffne mir die Augen, Herr**

Wie wir mit Gott und seinen Engeln zusammenarbeiten können

120 S.; Paperback

Das Leben des heutigen „Normalchristen" ist nur wenig vom Übernatürlichen geprägt. Bei Gary Oates war das nicht anders, bis er durch einen großen geistlichen Hunger einige einschneidende Erlebnisse mit Gott hatte. Er wurde auf dramatische Weise im Geist in die Gegenwart Gottes versetzt und es wurden ihm die Augen für den Dienst der Engel geöffnet.

Dieses Buch geht nicht nur auf diese Erlebnisse ein, sondern ist eine praktische Anleitung dafür, wie wir in eine solche Vertrautheit mit Gott hineinfinden können, dass auch unsere geistlichen Sinne für diese himmlischen Dimensionen geöffnet werden.

Michele Perry, **Liebe hat ein Gesicht**

Abenteuer mit Jesus im Krisengebiet des Sudan – auf einem Bein!; Vorwort von Heidi Baker; 220 S., Paperback

Ohne linke Hüfte und linkes Bein geboren, ist es für Michele Perry „normal", das Unmögliche zu erleben. Als Gott ihr den Auftrag gab, in den vom Krieg verwüsteten südlichen Sudan zu gehen und dort ein Waisenhaus zu eröffnen, hielten sie alle für verrückt. Aber sie erlebte Gottes Treue wie nie zuvor: Er führte sie in einen entspannten Lebensstil des Geliebtseins hinein, in dem alles möglich wird und Wunder zum Alltag gehören, ob es um seelische oder körperliche Krankheiten, mangelnde Ressourcen, Bedrohungen durch Kriminelle oder ihre eigenen Unzulänglichkeiten geht.

Wayne Jacobsen / Dave Coleman

Der Schrei der Wildgänse

Aufbrechen zu einem freien Leben in Christus jenseits von Religion und Tradition; 220 Seiten, Paperback

Wie können wir heute als Einzelne und in Gemeinschaft in der Freiheit leben, zu der uns Christus befreit hat? Wie können wir religiöse Zwänge entlarven, die uns diese Freiheit immer wieder rauben wollen?

Die Autoren beantworten diese Fragen mitten aus dem Leben und zeigen auf, wie wir heute ganz praktisch mit Jesus leben und eine Freude und eine Freiheit erfahren können, von der wir bisher bestenfalls träumen konnten.

Jim Gettmann, Der Ruf des Schofars

Das ursprüngliche, hebräisch geprägte Christsein wiederentdecken, 340 Seiten, Paperback

Vergleichbar mit einem Schofarstoß ruft der Heilige Geist seine Gemeinde heute auf, zu den Grundlagen des Lebens in Gott zurückzukehren, die er uns ursprünglich gegeben hat. Was sind diese Grundlagen? Was erwartet Gott von uns? Zu welchen Wurzeln kehren wir zurück?

Das Buch lässt uns entdecken, was Gott von Anbeginn mit den Menschen und dem Gesetz vorhatte und weshalb ein neuer Bund erforderlich war. Nur wenn wir den Sinn und die Funktion des Alten Bundes verstehen, werden wir auch den Neuen Bund richtig verstehen können.

Irmtraut Lorenz, Der Kuss des Bräutigams

Stationen einer Liebesreise mit Jesus; 180 S., Pb.

Unser Leben mit Gott ist nicht in erster Linie Arbeit und Kampf, sondern eine Liebesreise. Das ist die Erfahrung der Autorin, zu der sie von Gott eingeladen wurde und an der sie uns anhand ihrer Geschichte, ihrer Zwiegespräche mit Gott und ihrer Erkenntnisse teilhaben lässt.

Nur durch die Liebesbeziehung zu Jesus wird unser Leben so eng mit dem seinen verbunden, dass sein Leben wie ein starker Strom aus uns herausfließt und das Leben anderer Menschen berührt. Das ist Teil unserer Vorbereitung, Jesu Braut zu werden, und geschieht mitten im Alltag.

Bestellen Sie im Buchhandel oder direkt beim Verlag:

GloryWorld-Medien | Postfach 4170 | D-76625 Bruchsal
Fon: 07257-903396 | Fax: 07257-903398 | info@gloryworld.de

Aktuelles, Leseproben, Downloads & Shop: **www.gloryworld.de**